体育教学创新与健康锻炼探究

邱吉儿　著

吉林科学技术出版社

图书在版编目（CIP）数据

体育教学创新与健康锻炼探究 / 邱吉儿著. -- 长春:
吉林科学技术出版社，2023.8

ISBN 978-7-5744-0965-1

Ⅰ. ①体… Ⅱ. ①邱… Ⅲ. ①体育教学－教学研究
Ⅳ. ①G807.01

中国国家版本馆CIP数据核字(2023)第200693号

体育教学创新与健康锻炼探究

著	邱吉儿
出 版 人	宛　霞
责任编辑	刘　畅
封面设计	长春美印图文设计有限公司
制　版	长春美印图文设计有限公司
幅面尺寸	185mm×260mm
开　本	16
字　数	208 千字
印　张	9.5
印　数	1-1500 册
版　次	2023年8月第1版
印　次	2024年2月第1次印刷

出　版	吉林科学技术出版社
发　行	吉林科学技术出版社
地　址	长春市福祉大路5788号
邮　编	130118

发行部电话/传真　0431-81629529 81629530 81629531
　　　　　　　　　　81629532 81629533 81629534

储运部电话	0431-86059116
编辑部电话	0431-81629518
印　刷	三河市嵩川印刷有限公司

书　号	ISBN 978-7-5744-0965-1
定　价	72.00元

前　言

作为学校教学的重要组成部分，体育教学与健康锻炼发挥着重要的作用，它对学生塑造强健体魄、磨炼坚强意志有着积极意义。特别是在当今社会高速发展、工作生活节奏较快、身心压力较大的情况下，更需要发挥体育教学的重要作用，培养学生的全面素质。

体育教学与健康锻炼经过不断的发展，已初步建立了一个较为完善的体系，但是面对新的形势和问题，如何适应现实需要进行创新发展，仍是当下迫切需要关注和解决的课题。针对这种情况，本书对现代体育教学的各要素进行全面深入的分析，并对其创新发展及健康锻炼进行研究，为其进一步地发展提供指导，最终促进体育教学的发展。

本书是体育教学方面的书籍，主要研究体育教学创新与健康锻炼，从体育教学基础介绍入手，针对体育教学内容与方法的科学探究与创新、体育教学课程改革创新进行了分析研究；另外，对于体育教学教育功能实现与应用创新、体育教学的思维改革创新做了一定的介绍，还对田径运动和球类运动训练做了研究。本书论述严谨，结构合理，条理清晰，重点突出，通俗易懂，内容丰富新颖，具有前瞻性、科学性、系统性、实用性和指导性，为体育教学工作者提供了参考。

在写作过程中，参考借鉴了大量有关体育教学与健康锻炼方面的资料，在此向有关作者表示衷心的感谢。因为作者精力和水平有限，书中难免存在疏漏之处，恳请广大读者批评指正，不胜感激。

目 录

第一章　体育教学基础

第一节　体育教学概述

一、教学的概念

教学的突出特征在于它是一种特殊的教育活动。广义上讲，教学是指教的人指导学的人以一定文化为对象进行学习的活动，教的人不但指教师，还包括各种有关的教育者；学的人不仅指学生，还包括各种有关的学习者。从狭义上讲，教学就是学校教学，是专指学校中教师引导学生一起进行的，以特定文化为对象的教与学相统一的活动。在范围上，教学是特指各级各类和各种形式学校中的教学，一般在家庭中和社会上不用"教学"而用"教育"。另外，教师在教学活动中的角色是组织引导者，而不是传统意义上的"主宰者"，这是当代的新观念。同时，教学既不是仅"教"，也不是仅"学"，而是教与学的统一，教融于学中，学有教的组织引导。

所以，教学就是在教育目的的规范下，教师的教与学生的学共同组成的一种教育活动。通过教学，学生在教师有计划、有步骤的引导下，掌握系统的科学文化知识和技能，发展智力、体力，陶冶品德、美感，形成全面发展的个性。

二、教与学的关系

教与学作为两个不同的动词和动作（即过程），作为两个不同的名词和与此有关的人的行为（即活动）。这两者是单独的及双边的，也是共同的、统一的。

教与学是两种活动、两种过程。教是教师的行为和动作。教的意义一般是指"讲授""教授""传授"，是一种较古老的教，还可指教学，是把教作为一种职业，教授学生的职业，没有把教和学分开。

学是学生的行为和动作。学的意义是学习、模仿及掌握等。在教学活动中，教师、学生、教材及教学环境等因素之间相互作用与联系，构成了一系列错综复杂的教学关系，其中教与学是教学活动中最根本的关系。在教学中，首先要抓住这一根本的关系，去研究教学的问题，揭示教学的规律。

教与学是两类不同的活动，这两种活动是单独的，分别由教师和学生进行。原则上是可以独立存在的，但实际上是分不开的。不能只强调"教师中心论"，也不能只看重"学生中心论"。

只教是不行的。因为教需要对象,没有对象的教是无意义的教,不可取。教学的形式大多是指课堂的教学,有意识的教,有意识的学;有教材的教,有教材的学;有计划的教,有计划的学。这是基本原则。这样,教学就是教师教、学生学,是双边活动。在某种意义上也是共同的活动,就是大家在课堂上为一个共同的目标——学生的学习。在过去相当长的时间,我们非常注重教师的传授,认为教师是"上帝",什么都知道,教材是圣经,需要背得滚瓜烂熟,学生把教师传授的知识学到就行了,课堂上是教师教、学生学。但是,人们发现不管有多少不同的教师,用多少不同的教法,总有一些学生学得不错,也总有那么几个学生是班级最后几名。人们还发现,一个教师使用一种方法,使用同一本教材,有的学生一段时间内学得很好,而另一段时间效果却恰恰相反。这说明,学生的重要性、学习的重要性、教授的辅助性与其他因素都会影响学习的效果。

片面地只强调学也是不科学的。"学生中心论"把"教室"变成了"学室",把"教材"变成了"学本"等。总之,要把以教师为中心变成以学生为中心。这种观念认为,教师的主导作用和学生的主体作用是教学的一般原则。这无疑是一大进步:第一,认识到学生在教学中的作用;第二,认识到教与学不能互相代替,即不会以讲代学,以学代讲,以讲代练。

如果说"教师中心论"认为教授等于学习,"学生中心论"认为学习等于教授,那么"双主"的观点便是教授加学习。从角色和作用上讲,我们将教师的角色与作用统一为"助学者"。既然教师的角色和作用是"助学者","不是教师唱主角",为什么还要由教师"主导"呢?"主导"的作用实际上还是传统教法中的指导作用。如果把教师的角色从主要的指导者转变成主要的助学者,起到"帮助学生学""创造条件让学生学"等作用,教与学的统一就好解决了,两个主角即教师和学生都为学生的学习而奋斗,目标一致。这样,教师"化难为易"的讲解是助学,传授知识也是助学。我们这里讲的"教学统一到学习上"并不是不要讲授,而是根据学习的目标和学生的需要选择性地讲,教师该讲的还必须讲。例如,学生不知道的信息,教师知晓在先,教师就必须讲授。教师作为指导者是必要的。

总之,教学就是教与学,不只是教,也不只是学,更不只是教加学,应是教授和学习的统一体,是教师和学生的共同活动。这两种共同活动是建立在"教授主旨是促使学习的活动"和"教授的证据在于学习"的理论上。这既阐明了教与学的关系,又暗示了教与学的统一。

三、体育教学

体育教学论研究的对象是体育教学。体育教学与其他各科教学一样具有共同性,都是一种有目的、有计划、有组织地对学生传授知识和技能,发展智力和体力,培养品德和形成个性的教育过程。但体育教学又有其特殊性,它是实现学校体育目的、任务的基本途径。如今,体育教学已不限于学校体育,还兼及竞技运动和社会体育的教学,但学校体育的目的、任务主要是通过体育教学来实现的。因此,我们把体育教学定义为:在学校教育中,学生在教师有目的、有计划、有组织的指导下,积极主动地通过掌握知识和技能,增进身心健康,提高身体活动能力、对自然和社会环境的适应能力,培养良好的思想品德,促进个性发展的教育过程。

(一)体育教学的构成要素

从系统论的观点看，我们可以把体育教学过程当作一个整体系统来考察，即体育教学系统是一个多层次、多要素的复杂系统。所以，体育教学系统的要素即体育教学过程的要素。

体育教学过程的每一个层次都包含着相同的要素，这些要素的整合就构成了完整、统一的教学过程，关于体育教学组成要素有三种不同的观点。

一是三要素说。该观点认为，体育教学系统是由体育教师、学生和体育教材三个基本要素构成。二是四要素说。该观点认为，体育教学系统是由体育教师、学生、体育教学内容和体育教材手段(教学媒介)四个要素构成。三是五要素说。该观点认为，体育教学系统是由体育教师、学生、体育教材、体育教学方法和教学物质条件五个要素构成。

从以上几种观点可以看出，无论是几要素说，有三个基本要素是共同的，即体育教师、学生和体育教材。体育教学活动的主体是人，体育教学过程是教师与学生双边统一活动的过程，所以，体育教师和学生是体育教学必不可少的两个基本要素。除此之外，它们共同的作用对象是体育教材(教学内容)。在这一教学过程中，教师是通过教材这一媒介与学生发生作用的。据此，我们认为体育教学系统的构成性要素主要是体育教师、学生和体育教材(教学内容)。这三要素之间是相互联系、相互依存和相互作用的。

学生作为正在成长、学习中的主体是有千差万别的。由于体育教学中学生身体直接参与，学生在体育活动中出现的差异更加明显与突出，更需要教师对学生的认识和了解。每一位学生无论是在体形、体能和身体功能，还是情感、气质、兴趣爱好及个性等方面，由于遗传、家庭、学校和教育等原因，表现出明显的差异性。

体育教师在体育教学中担负着培养下一代的使命。因此，无论从哪个角度讲，体育教师都是体育教学系统中起关键性作用的因素。体育教师的个性、能力、水平、事业心、责任感、体育教师与学生的关系及教师在学生中的威信等，都对体育教学的效果具有重要的影响。

体育教材是指体育教师指导学生学习体育的一切教育材料，它是体育教学中师生相互作用的媒介，是体育教师要教，学生要学、练的对象。体育教材的选择与组织，一方面要考虑社会发展的需要；另一方面，要考虑体育运动特点，要充分考虑学生对体育教材的理解、接受和喜爱的程度。体育教材的内容、范围、难度等都直接影响了体育教学的成效，也直接影响着学生的身心发展。

(二)体育教学的规律

1. 要遵循与学生身心发展水平相适应的规律

教育和教学必须与学生身心发展水平相适应，这是一条基本规律，体育课也必须遵循这条规律。体育课要促进学生的一般发展和特殊发展，这就要求体育课的目标要制定得适当，教学方法、手段等也要适当。要达到这点目标，就必须了解学生的现有发展水平，针对学生的"最近发展区"而制定目标，促进其不断发展。

2. 要遵循学生生理及心理指标起伏变化规律

在体育课的教学活动中，学生生理和心理都承受着不同强度和数量的负荷，引起生理和心理指标的一系列变化。在体育课的教学过程中，学生有各种不同的学习活动方式，如听讲、观察、进行身体练习、帮助同伴及休息等。这些方式的改变，对学生的身心有着不同程度的影响，于是学生的生理指标和心理指标变化便呈现出波浪性起伏。这种高低起伏的变化是体育课教学所特有的，是客观存在的。体育课的进行要遵循这个规律，保持合理的生理、心理起伏变化节奏。

3. 要遵循感知、思维与实践相结合的规律

体育课上学生大部分时间是在从事身体练习，耳、眼等感官直接感知动作，大脑积极思考如何行动，机体去协调做动作。其中，直接感知是基础，思维是核心，实践是归宿。这三个环节是紧密结合的，缺少哪一个环节都会影响体育课教学的效果。因此，这也是体育课必须遵循的。

4. 要遵循掌握体育知识技能呈螺旋式上升的规律

体育课教学要向学生传授有关的知识、技术和技能等。一种知识、技术和技能掌握后，如果不及时强化，就会被遗忘或消退。在前面传授的知识、技术、技能出现衰退现象，后面的体育课应改变这种现象，使前面学习的知识、技术、技能及时得到巩固、完善和提高。所以，学生掌握体育知识、技术及技能呈螺旋式上升，也是体育课教学应遵循的一条规律。

第二节 体育教学的目的

一、体育教学的目的及相关概念

(一)体育教学的条件关系

体育教育领域中，与体育教学目的相关的术语较多，如体育教学目的、体育教学任务等，因而很容易让人们混淆。那么，"体育教学目的"与相近的"体育教学目标""体育教学任务"之间是什么关系呢？

1. 体育教学目标、体育教学目的、体育教学任务的含义

体育教学的目的是人们设立体育学科和实施体育教学的行为意图与初衷。它是以运动和身体练习为基本手段，体育教学目的也是贯穿整个体育教学的指导思想，是对体育教学提出的概括性和总体性的要求，把握着体育教学的进展方向。

所谓目标，则是努力的方向和预期的成果，是"要在各个阶段达成什么和最后达到什么"的意思。由此可知，体育教学的目标是人们为达到体育教学的某个目的在行动过程中设立的各个阶段的预期成果及最后的预期成果。

所谓任务，是受委派担负的工作或责任，是"要做什么"的意思。由此可知，体育教学任务是为了完成体育教学目的、实现体育教学目标所应该做和必须做的工作。

2. 体育教学目标、体育教学目的、体育教学任务三者之间的关系

(1)各个阶段体育教学目标的总和就是最终的体育教学目标。(2)最终的体育教学目标(最终成果)是实现体育教学目的(意图)的标志。(3)体育教学任务是为实现体育

教学目的和体育教学目标所应该做的实际工作和责任。

举生活中的例子说明：某人请朋友吃饭，目的（意图）是增进感情；总目标（总效果）是使朋友高兴（即增进感情）；分目标（分效果）则有：接送好、吃得好、氛围好、谈得好，等等；任务则是安排好车、安排好饭菜、安排好就餐的氛围、安排好有趣话题及安排好适合的陪客等。举体育教学的例子说明：如体育教学的一个目的（意图）是让学生掌握篮球技能从而增强终身体育的能力，那么篮球教学总目标（总效果）就是学会主要的篮球技术和有关知识（学会主要的篮球技术和有关知识是掌握篮球技能的标志），篮球教学的分目标（各个教学课的分效果）则是掌握篮球最基本的技术、学会运用战术、学习有关规则和相关链接、学会欣赏篮球等，而各个篮球课的教学任务就是让学生一步一步地学好基本的篮球技术、一步一步地掌握基本的战术和运用的方法、一步一步地学习篮球的规则和相关链接、一步一步地学会理性地观赏篮球竞赛。可以看出，体育教学目标是一个上承体育教学目的，下启体育教学任务的中间环节，所以是体育教学中既具有定向、定位功能，又具有定标、定量功能的重要因素。体育教学目标是我们搞好体育教学工作必须认真研究的教学因素，这也是近年来体育教学目标在体育教学改革中备受关注的重要原因。

3. 教学目标与教学目的

人们往往把体育教学目的和体育教学目标相混淆。在现代汉语中，"目的"的意思是"想要达到的境地或想要得到的结果"。从这一意义上，我们把"教学目的"理解为教学活动预期要达到的结果，它规定教学活动的方向和标准要求。由于在汉语词汇中"目的"和"目标"并没有质的差别，因此，我们往往将教学目的和教学目标理解为同一种意思。

二者既有密切联系，又有明显区别。体育教学目标是体育教学目的的具体化，与体育教学目的在方向上是一致的，都是教学活动所要预期达到的结果。区别：第一，体育教学目的与体育教学目标是一般与特殊的关系，体育教学的目的是对体育教学活动的总要求，对于体育教学活动具有普遍指导意义；而体育教学目标是对体育教学的具体要求，只对特定阶段、特定范围内的教学活动有指导规范作用，如某一课时、某一单元的教学活动等。第二，体育教学目的具有稳定性，而体育教学目标具有一定的灵活性。体育教学目的体现了社会的意志和客观要求，特别是体育教学目的是以指令性形式表现出来；而体育教学目标则较多地体现了体育教学活动的主体要求，有一定的自主性，体育教师可以根据教学的具体情况予以制定、调整，有一定的灵活性。

体育教学目标对整个体育教学活动起着统贯全局的作用。教学目标反映教育思想，也反映对教学规律、教学过程等客观性教学要求的看法。教学目标一经确定，便对其他主观性教学要求产生影响，即影响教学内容、教学计划、教学方法、教学原则及其他各种教学行为。当然，人们从教学行为中获得的经验与体验又反过来使自己对教学目标进行再思考，或进一步加深对教学目标的理解或对教学目标做出某种程度的调整。

教学目标具有两个特征：一是可行性，说明目标的内容，即说明做什么和如何做（知识、方法等）；二是预期性，用特定的术语描述教学后学生应该能做以前所不能做的事情，即教学后所要达到的结果的详细规格。

4. 教学目标与教学任务

体育教学任务是为了完成体育教学目的、实现体育教学目标所应做的而且是必须做的工作。教学目标与教学任务虽然是同一个范畴，但又有区别。第一，教学任务是以教师为主体的，教学目标则是在一定教学时间内各种教学活动行为要达到的标准和境界。它是以教师为主导、以学生为主体的。第二，教学任务是比较笼统的，分不出阶段和层次。教学目标的描述由于采取了具体的行为动词，因而对教学过程的阶段、深度和层次有明显的限定。第三，教学任务是教师对教学的期望，若缺乏量和质的规定性，则观察和测量都难以进行，其结果难以评价。教学目标则将教学任务具体化和量化，可观察、测量，或作为评价的依据。第四，教学任务一般为教师所掌握。师生都要明确和掌握教学目标。学生可以根据教学目标进行自我学习和自我检测，这有利于提高学生学习的主动性和兴趣。

5. 体育教学目标的概念

体育教学目标是依据体育教学目的而提出的预期成果。这个预期成果可分为阶段性成果和最终成果，阶段性成果是体育教学的阶段目标；阶段性成果的总和就是最终成果，即体育教学总目标，体育教学总目标是体育教学目的得以实现的标志。

（二）制定体育教学目的的依据

1. 对学生的研究

教育是一种改变人的行为方式的过程。这个"行为"是从广义上说的，它既包括外显的行动，又包括思维和感情。从这个角度去认识体育教育时，体育教学目的就是体育教育寻求学生发生各种行为变化的代表。要使体育教育达到预定的目标，就必须对学生进行各方面的研究。

（1）学生身心发展的规律

体育课程的主体是学生，体育教育的工作要求、内容选择、安排和组织形式及教育、教学、训练方法手段等，都要以学生身心发展的规律为条件。学生心理发展的主要特点，主要包括学生的认知发展、情感和意志发展、个性发展；生理的主要特点，包括身体的形态发育、机能发育和素质发展。不同年龄的学生，其身心发展的特点是不同的。体育教育工作必须按照学生身心发展的特点来进行，才可能有针对性，这样才能达到预先设定的"目的"。

因此，学生身心的发展规律是确定体育课程目标的生理和心理依据，它反映学生身心发展的客观规律和作为体育课程主体的客观需要。只有充分认识学生身心发展的特点，确定的体育课程目标才是科学的，并且能指导实践，实现体育课程目标。

（2）学生全面发展需要

教学与发展的问题是教育学的核心问题之一，它同教育科学的一系列其他重大问题都有联系。客观真理和科学是现代课程的支柱和核心，对于原理结论的被动接受和对理论的绝对服从导致人们主体意识的减弱和人生目标的迷失，甚至出现了被书本知识所主宰和控制的"异化"现象。很少有人去探寻课程实践中人性发展的内涵和精神提升的意蕴，也很少有人把课程与人的精神解放、生命历程的圆满联系起来。在这种情况下，提倡对人的主体与人生目标的哲学探讨，将会把课程研究提升到一个新的境界。因而，人的生命和发展都应该是课程研究的出发点，任何知识内容的安排都应以人的发展为依据、准绳。

"发展"主要是指人的发展。关于人的发展历来是哲学、心理学、社会学、人类学与教育学等众多学科关注的重要课题。教育学把人的发展看作个体的人的天赋特性与后天获得的一切量变和质变的复杂过程，即由一个生物性的个体变成一个具有无限创造能力的社会成员，其中包括身体、智力、品德、审美和劳动技能等的形成和发展。

教育学中所讨论的人的发展，既包括个体的自然发展，又包括个体的社会发展。人的自然发展和社会发展常常是密切关联的，是相辅相成的。说它是自然发展也可以，说它是社会发展也可以。当然，也有自然发展包含着一部分社会发展和社会发展包含着一部分自然发展的情况。从而可知，作为学生个体的发展，实质上是人的不同自然成长因素、社会因素和基于社会的教育过程综合作用的发展，这也说明了为什么每一个学生个体在同样的教育环境下会表现出不同的学习能力和发展水平。作为体育课程的主体——学生，无论是否接受了体育课程的教育，都会在自然成长因素和社会因素的共同影响下成长和发展。而体育课程的作用则是通过体育的手段引导、鼓励、教育，使之能够更为健康地成长、发展，从而达到社会所需要的人才标准。因为体育课程的任务是培养、塑造处于不断发展中的人，所以，体育课程的主体是"发展人"。教育是人类有意识地促进自身发展的实践。也就是说，体育课程的根本任务是根据人的发展概念中必然包括的生物因素（自然成长因素）和社会因素（指学校教育及其以外的社会影响因素）来促进学生健康发展的。

2. 对社会的研究

对社会的研究，主要是研究社会的需要，是指社会经济、政治、科学文化、生产力的发展水平对体育课程提出的要求。它集中体现在社会培养人的质量规格的要求上。当今，世界正处于激烈的国际竞争和新技术革命的挑战时期，世界范围的经济竞争、综合国力竞争在很大程度上是科技和人才的竞争，归根到底是教育的竞争。面对新的形式，我国体育课程要根据新形势下对人才的要求，考虑我国对于体育教育提供的必要条件、合格体育师资的数量与质量、场地、器材设备、工作经费等实际情况，这样制定出来的体育课程目标才是科学、合理的。

在对社会需求的研究中，我们不能忽略了社会文化传承的需要。文化的传承，不只是静态的积累、保留和传递，它应是选择性地吸取传统文化的精髓，转化为适合时代的有用的东西，并加以传扬下去。过去在体育课程中，我们只注意发展学生的身体素质，增强学生的体能，增进学生的身体健康，学习各种运动技能，而对社会文化的一部分——体育文化的传承却忽略了。

教育是个人发展和社会生活延续的手段，就其本质而言，它乃是实现人类文化传承的主要手段。自然，体育教育是体育文化传承的主要手段，而体育教育的核心就是体育课程。体育课程的文化传承功能主要体现：首先，体育本身就是一个文化现象，学习体育就是接受了体育文化熏陶。体育作为国际社会文化现象由来已久，现代体育的产生和发展与近代文化发展史息息相关。近代史表明，现代体育的兴起是文明社会的标志，它是19世纪发展起来的，又对文明社会的进步起着促进作用。通过体育课程，就能够接触并认识一定的社会文化。其次，体育课程是体育文化传承的媒介，学习体育就为传承体育文化提供了捷径。学习体育能为学习者打开认识体育文化的大门。此外，体育课程本身的功能特点有利于体育文化的传承。现代体育课程的结构丰富了体育文化的传承途径选择，体育的显露课程、隐蔽课程、社会课程对体育文化的传承互为补充。

课程目标的确定，不能完全取决于对社会的研究，不能完全以社会对人才的要求作为课程目标的确定依据，而是以承认现存社会目前的需要为前提。事实上，社会的需要本身也是在不断变化的。我们制定出体育课程目标，其结果将在20年后才能呈现。虽然我们无法断定在20年后社会需要什么样的人才，但社会的前进有继承和发展的规律，在这个基础上我们可以做出一些预测，这样制定出来的体育课程目标才有前瞻性。

3. 对学科的研究

学校课程是要传递通过其他社会经验难以获得的知识，而学科是知识最主要的支柱。由于体育课程专家熟谙课程的基本概念、逻辑结构、探究方式、发展趋势及学科的一般功能与其相关学科的联系，所以，体育课程专家的建议是该课程目标的主要依据之一。

体育课程本身的功能是制定课程目标的重要信息，是课程内部特性的反映，是课程实施过程中学生所要获得的体育教育的结果。到目前为止，体育课程的功能是多元化的：健身功能、教育功能、启智功能、情感发展功能、群育功能、美育功能、娱乐功能和竞技功能等。这些功能让我们重新审视传统的、单一生物观的体育课程目标，要求我们以全方位、多角度来认识体育课程，形成了生物的、教育的、心理的、社会的多维学校体育目标体系。

由此可见，只有依据这些功能所确定的体育课程目标才能充分发挥学校体育的作用，使目标的实现成为可能。

（三）体育课程目的的层次结构

体育课程的目的是什么呢？是促进学生的全面发展，还是"增强体质"或是"促进健康"，或是学会某项运动技术？从这些目的可以看出，它们之间并不是处在同一层次上的。此外，对同一层次的目的而言，还存在着不同领域和水平的区分。课程目的是有层次结构的，不同的层次结构发挥不同的功能。

1. 课程目的的纵向层次

根据目的的上下层次关系，可以依次将课程目的分为以下几种不同的层次。

（1）课程的总体目的——教育目的。所有课程的共同目的，即课程的总体目的。对课程的总体目的的规定，反映了特定社会对合格成员的基本要求，与该社会成员根本的价值观一致，一般带有浓厚的社会政治倾向。这一层次的目的经常被写进国家和地方的法规或其他形式重要的课程文件当中。

从整体角度来看，教育目的只能是总体性的、高度概括性的，而不可能是具体的、菜单式的。就课程编制而言，总体目的具有导向性，渗透在课程编制的各个方面，可运用于所有的课程实践当中。如在考虑课程的宏观结构时，必须服从教育目的的根本方向；在决定课程的具体内容时，必须与教育目的的要求相符合，如义务教育阶段各门课程的设置必须满足学生全面发展的要求；各门课程所选择和涉及的内容，必须满足学生全面教育目的方向相一致的需要，等等。当人们从总体上考虑和判断具体课程的意义和价值、课程结构的科学性、课程内容的合理性时，经常是用教育目的作为根本依据的。体育与健康课程是实施素质教育和培养德智体全面发展人才不可缺少的重要途径。

（2）课程总体目的的具体化——培养目的

课程的总体目的——教育目的，是整个国家各级各类学校必须遵循的统一的质量要求。各级各类学校根据国家的教育目的和自己学校的性质、任务对培养对象提出特定的要求，这就是人们平时所讲的培养目的，如基础教育、高等教育、职业教育等培养目的。培养目的是总体目的在各个教育阶段或不同类型学校中具体化的体现，两者没有实质性区别。

尽管培养目的是教育目的的具体化，但仍具有高度的概括性，如通常用发展学生文化、科学、技术的基础知识和基本技能等表述方式，但并不涉及具体的学科领域，而只是对各个教育阶段与各级各类学校中的各种学科课程的编制提供相应的依据。同样，各个教育阶段和各级各类学校中体育课程也是根据培养目的而编制的。

（3）学科领域的课程目的

学科领域的课程目的实际上就是人们通常意义上所讲的课程目的。这一层次的目的适用于一定阶段的具体课程，我们所要研究的体育课程的目的就属于这一层次。这个层次上的目的比培养目的更为具体，可以说是培养目的在特定课程领域的表现。学科领域课程目的的确定，首先，要明确课程与上述教育目的、培养目的的衔接关系，以便确保这些要求在课程中得到体现。其次，要在对于学生的特点、社会的需求、学科的发展等各个方面进行深入研究的基础上确定目的，才有可能确定行之有效的学科领域课程目的。学科领域的课程目的有助于澄清课程编制者的意图，使各门课程不仅注意到学科的逻辑体系，而且还要关注教师的教与学生的学、课程内容与社会需求的关系。体育课程的目的实际上就是结合体育学科本身的特点、教育目的、学校的培养目的、学生的特点及社会的需求而制定的。

（4）学科领域的课程目的的具体化——教学目的

尽管学科领域的课程目的有细化和可操作性的趋势，但仍然是总体性的或阶段性的一般目的；而作为短期的某一教学单元以至某一节体育课，又如何分析它的目的体系呢？这通常称为单元或课的教学目的。实际上，它们是学科领域的课程目的的进一步具体化。课程的教学目的又是单元教学目的的具体化，是最微观层次的课程目的。通常将这一层次的目的分析到操作化的程度，它往往将具体的情景联系在一起，对于体现较抽象的课程目的的结果给予明确的界定，引导教学的开展。

教学目的是一所学校在确定体育课程的实施方案并制定以单元为基础的全年教学计划以后由任课教师制定的，它是教师制订单元计划和课时计划的依据。在过去，我国较为重视的是课时计划，并把一堂课看作最基本的教学单位。其实，一堂课是最基本的教学学位，却不一定是一个完整的基本教学单位。因为一堂课不能把一个教学系列完整地教给学生，有时只能完成其中一部分。只有一个教学单元才能把一个完整的教学系列教给学生。所以，我们应当更加重视单元计划的构建和单元目标的设计。

我们在体育课上应当教给学生什么？不是单个的技术，而是形成系列的体育文化组合。只有把若干节课形成一个教学单元，才能完整地将体育文化形成系列组合，从而真正地教给学生，并使教学单元较为完整地实现课程标准中提出的教学目标。由此可见，在教学改革的新形势下，教学目的的构建主要是指单元目标，每一节具体的课实质上是在贯彻单元目标。更具体地讲，每节课不必另立课程目标，而只要指出在实施单元目标过程中的关注点即可。

体育课程改革的客观现实要求我们重视单元构建，关注单元计划，设计单元目标，并以此为切入点确实地改进体育课程的实施，使得体育教学的效果得到进一步的提高。作为一名教师应做到，对于一堂课的构建依附于一个单元的构建，而一堂课的目的则依附着教学单元的目标。

2. 课程目的的横向关系

课程目的的横向关系实质上反映了各种目的的区分及相互关系。"目的领域"是指预期学生学习之后所发生变化的内容领域。在教育目的这一层次上，我国通常用德、智、体、美、劳来划分目的领域。课程的总目的划分成运动参与、运动技能、身体健康、心理健康和社会适应五个学习领域。无论怎样划分目的领域，各领域对总的目的来说都应当具备逻辑的合理性，它们彼此之间在相互关系上虽然可能是并列和平行的，这样使得议程目的更加具体、清楚和明确，但是它们之间必须是相互联系的整体，每个领域都不能脱离其他领域而单独实现课程目的。

二、体育教学目的与体育学科功能、价值的关系

（一）体育学科的多功能

功能取决于事物的性质和特点，同理，体育学科的功能来自自身所具有的性质和特点。由于体育学科的内容产生于不同的文化现象，如产生于民间娱乐中的体育活动、产生于教育中的体育活动、产生于养生保健中的体育活动、产生于竞赛中的体育活动，等等。因此，体育学科具有文化母体所带有的多样功能和特征。

（二）体育学科的价值

由于体育学科具有多样的功能和特征，使得体育学科具有了多方面的价值取向。功能与价值有着非常密切的联系，但二者又不相同。功能是一个事物或物体固有的作用范畴，而价值则是利用者面对这个事物时的态度和选择，即价值取向。虽然体育学科的功能是相对稳定的，但是在不同的历史背景下和不同的国度中，体育学科的各个功能被不同程度地加以利用，体育学科被赋予各种各样的价值。这时，体育学科有些功能可能被忽视，这方面的价值也难以实现。

人们在注重追求某种体育功能并努力实现某种体育价值时，也并不是绝对单一的。在多数情况下，人们是同时追求几种体育功能，注重实现体育的多种价值，只不过是更注重、更强调某个功能而已。

（三）体育教学目的、体育学科的功能及价值之间的关系

功能、价值和目的的意义各不相同。功能是一个事物固有的及客观的属性；价值是外赋的、主观的属性；目标则是根据功能进行价值取向后的行为效果指向。

一个事物即使具有这个功能，而人们如果没有看上这个功能，也不会把这个功能的实现作为目的；相反，一个事物不具有这个功能，即使人们非常希望通过这个事物实现其功能，也是无济于事的。所以，我们不能将功能简单地等同于目的，也不能将价值简单地等同于目的。我们虽然认识到了体育的多种功能，但是也不能将这些功能不加分析地作为体育学科的目的。

体育学科的功能不会有大的改变，但不同的社会和不同的历史阶段会有不同的体育

价值取向。因此，体育教学的目标会随着社会的变化与发展产生相应的变化。

三、体育教学的特点

（一）体育教学过程的教育性

"教学过程永远具有教育性"，这是任何教学过程的一条基本规律，古今中外的体育教学概莫能外。体育教学的教育性主要体现在两个方面。

第一，在体育教学中，组织每一项活动均有一定的目的任务、组织原则、规则要求、需要学习和掌握相应的动作技术及克服各种各样的困难等，这些是构成体育环境的基本因素。学生在这一环境中进行学习、锻炼或参加比赛，就会受到直接的影响。同时，体育环境还包括教师使用的教材、采用的教学方法、教学环境、教学条件、学校传统和班级风气等，这些都会有力地吸引，潜移默化地熏陶、感染和教育与之有关的人；提供了许多学生乐于自愿接受，更多情况下是不知不觉接受的、有利于个性品质形成的机会和情景，并且可以促进良好的思想品德和个性品质迁移到学习、生活和工作等各个方面去，以收体育之效。

第二，在体育教学中，学生的思想感情和作风很容易自然地表现出来。这有利于教育者把握学生的思想实际和特点，从而对他们进行有针对性的教育。体育教学中，进行思想品德教育的内容是极其丰富的，主要包括：培养热爱集体的情感和意识，培养团结友爱、关心他人、互助合作的思想和意识，培养竞争意识、胜不骄败不馁的精神，培养坚忍不拔、勇敢顽强、机智果断等优良意志品质及乐观开朗和愉快活泼的良好性格。

（二）教学目标的多元性

体育教学目标既有强身健体、提高运动技能的目标，又有调节情感、提高心理素质的目标，也有促进交往、建立和谐关系、规范运动行为、促进社会化等目标。体育教学目标受政治、经济的影响制约比较大，在特殊的社会背景下，往往还会出现代偿性目标。体育教学目标的多元性与其他学科教学目标相比，有过之而无不及。

（三）授课活动的复杂性

为提高教学的有效性，体育教师课堂教学特点非常突出。不仅需要组织有序得当，还需要调控学生的运动负荷；不仅需要言传指导，还需要动作示范；不仅需要具备一定的教学素养，还需要掌握运动技能。体育教师的教授不仅是体力活动，也是智力活动。体育教师不但是知识技术的传授者，也是活动的组织者。由此可见，体育授课活动不是看上去那样简单，而是比理论学科的授课活动要复杂。

（四）内容编制的制约性

体育教学内容不仅包括体育理论知识，还有身体锻炼和体育运动项目。各内容在教学中所占比重的多少，都将受到体育教学目标和教学时间的制约。另外，虽然体育教学内容中有些运动内容之间逻辑性不是很强，但是这些内容也不能随意编制。在编制时不仅要考虑内容的功能与价值，还要考虑学生的身心特点，要切合当地和本校的实际情况。

（五）环境管理的重要性

体育教学大都在室外或体育场馆里进行，这些场地环境受外围影响比较大，特别是户外，还受季节和气候的影响。另外，学生在体育活动中流动性的特点也使开放性的教学环境管理更加复杂。教学的安全性、健康性及有效性等都要求重视教学环境的管理。

第三节 体育教学的任务与原则

一、体育教学的任务

（一）学习掌握体育的基础知识

使学生理解体育的目的任务及体育在教育中的地位和作用；学会基本实用的身体锻炼技能和运用技术；使学生掌握与了解身体锻炼的基本原理和科学锻炼身体的方法，以适应终身锻炼身体的需要。

（二）发展学生良好的思想品德

培养学生勇敢顽强和富于创造的精神及遵守纪律、团结协作和朝气蓬勃的体育道德作风；因势利导，全面发展学生适应于社会和生活需要的个性；提高对体育的认识，养成经常参加身体锻炼的兴趣和习惯；陶冶美的情操。

（三）全面发展学生的身体

根据学生的年龄特点，有计划地进行各项内容的体育教学，从而促进学生身体的正常生长发育和生理功能的发展。

上述三项体育教学任务是互相联系的统一的整体，它是通过体育的实践活动和理论讲授完成的。这三项体育教学任务，必须协调一致，全面贯彻，不可偏废。但是在具体教学中，根据课程的具体任务、教学要求和教材特点而有所侧重，也是理所当然的。

二、体育教学任务的完成

要想在课堂上圆满地完成体育课的任务，用传统的教学方式很难达到教学大纲和教材对学生的要求。从时间上说，看一堂课中学生锻炼和掌握动作质量的好坏，密度是关键的一环。如果将大量的知识、技术传授给学生，而学生没有足够的时间去消化和掌握，那就很难使所传授的知识和技术转换成有效地课堂质量。由于动作的难度与动作的特殊方面及教师对动作、体态、语言表达的差异，使得教师在教某些动作时很难使学生通过视觉、听觉准确而完整地了解动作的全过程，给课堂教学带来了一定的困难。

在语言与动作的结合方面，体育课上有很多动作往往是教师一边做一边进行解说。这对于慢动做和可以分解的动作来说还是能够办到的，但对那些只能在快速而连贯的情况下才能完成的动作就很难做到两全其美了。

因为场地、队形、视角、环境等问题，教师在教某一动作时，就要在不同的地点方向上反复多次地进行示范讲解，才能使所有的学生都能看清和听清动作的做法与要领。这就在无形中浪费了时间，加大了教师的工作量，减少了学生练习的时间。

为解决体育课中存在的上述问题，很多体育教师都总结和采用许多有效的方法。随着电化教学在各学科中的运用与推广，其教学也以它快速省时、生动直观、图文并茂、信息量大、容易接受的特点为体育教师所采用。在室内理论课中，电化教学一改过去那种教师在台上讲，学生在下边听的常规惯例，利用幻灯片、投影、录像等电教手段将学生紧紧地吸引到教材之中。比如，讲"什么是田径运动"时，学生很容易通过视觉、听觉在很短的时间里就能准确地掌握其特点和概念，既看到了感性的东西，也有了理性的认识。课堂上，通过运动的画面和解说，学生在学知识的同时也感受到了运动的活力。在课堂上，教师在连贯动作示范中无法做出停顿的一些动作，通过画面的定格处理，教师就可以很自然地加以解说。利用字幕和解说也可节省大量的板书和阅读时间，提高授课质量。

在授课上采用了电化教学，可以提高学生的学习积极性，集中学生的注意力，便于教师对学生的组织与管理。由于电化教学内容是事先制作好的，也就不会出现教师在做示范动作时的失败和重复讲要领动作的现象。学生可以在最短的时间里看到最标准、最完整的技术动作，听到最简练的技术要领，建立起真实、完整、逼真、系统的表象认识过程，使学生减少甚至不产生错误的动力定形。

复习课是学生对已学过的动作进行改进和巩固掌握的课程。在复习课上使用电教手段可以加深学生对技术动作的认识理解，将感性认识上升到理性认识的高度。既可以将所学过的动作逐一定格，让学生对照动作进行有针对性的练习，也可以放录音或录像让学生集体进行复习练习。这样不仅巩固了所学的知识，而且培养了学生协同一致的良好习惯，对发扬集体主义精神也能起到良好的作用（如进行广播体操和武术套路的练习）。

如果在上综合课时用"分组轮换"的形式进行组织教学，教师就可以集中精力辅导新授教材的一组，而进行复习的一组可以在电化教学的情境中进行自我学习。当教学中因动作本身的难度教师无法亲身去做示范，学生对于动作的方位距离、运动轨迹等空间概念产生疑问时，使用电教手段可以轻松地解决这一难题。例如，在跳跃练习中起跳后的腾空动作，电影、录像、幻灯片都可以在不改变动作技术的情况下，运用慢放或定格的手法将动作清晰地展现在学生面前，为教师在课堂中解决动作重点、难点提供了行之有效的手段。运用电化教学可以帮助教师整理数据资料（如用电脑对课堂教学的各项指标进行分析），还可以用摄像机将每位学生所做动作的全过程拍摄下来，然后放给学生看，让学生自我检查或互相找出优点和不足。这一方法也可以运用于复习课中，对纠正学生错误动作、提高学习积极性有很大益处。总之，要想使电化教学在体育课上运用得好、收效大，就需要做好以下几点：（1）要根据教学内容、学生情况、课程的类型、授课环境、场地器材、组织形式、教学程序及时间分配等条件，来选择电教设备、教学手段与教学手段等。（2）必须熟悉电教设备的性能、使用方法及实际操作，以确定选择内容和使用的具体时间。（3）在备课时要将传统教法与电教手段相结合一同备入教案，要培养几名能够操作电教设备的学生做助手，方便在课堂上进行分组轮换时学生能自己进行组织练习。（4）课前要教育学生爱护公共财物和电教设备，遵守纪律，保证课堂秩序。（5）要充分利用电化教学的声响、画面、解说等手段对学生进行思想品德方面的教育，提高学生的积极性，培养良好的自我锻炼习惯，使学生得到全面发展。

三、体育教学的原则

（一）体育教学原则的概念

"原则"一词在汉语中通常指"观察问题、处理问题的准绳"，因而在教学论中通常把教学原则定义为对教学的基本要求和指导原理。教学原则对整个教学过程都起着指导作用：第一，教学原则是指导教学活动的依据和法则，教师要根据教学原则来设计整个教学过程；第二，教学原则是实施教学的总调节器，在整个教学进程之中，教师要以教学原则来调节、控制教学活动；第三，教学原则是判断教学质量的基本标准，教学质量的高低，从根本上来说，就看教学原则贯彻得如何。因此，每个教师和教学管理者都必须掌握教学论所确定的一系列教学原则。

基于以上对教学原则的分析，我们认为，体育教学原则是实施体育教学最基本的要求，是保持体育教学性质的最基本因素，是判断体育教学质量的基本标准。

（二）体育教学原则的作用

体育教学原则是体育教学过程中必须遵守的准则或标准。作为体育教学工作的指导原理和基本要求，体育教学原则对体育教学工作具有指导作用。在体育教学过程中，体育教学原则既是出发点，又是调节中枢，它在一定程度上具体决定教学内容的安排、教学方法的选择和教学组织形式的运用。学习和掌握体育教学原则，能使我们按照体育教学的客观规律组织教学活动，正确解决了教学内容、教学方法和教学组织形式等一系列理论与实践问题；遵循体育教学原则进行体育教学，就能提高体育教学质量。反之，违背教学原则，就会降低教学效果，甚至劳而无功。

体育教学原则作用的发挥，不是某个原则所能单独完成的，而是需要一个完整的体育教学原则体系来发挥整体功能。所谓教学原则体系就是指反映教学规律的多个原则之间不是孤立分散的原理，而是有机地相互联系的组合。只有建立一个科学完整的体育教学原则体系，才能发挥体育教学原则对整个体育教学过程的指导作用。由于人们对于体育教学规律认识的角度不同，在构建体育教学原则体系的过程中有的从社会学的角度出发，有的侧重教育学，有的偏重心理学等。就如何建立一个完整的体育教学原则体系，目前的体育教育理论界认识尚不一致。

（三）体育教学原则

1. 自觉积极性原则

自觉积极性原则是指在教师主导下，充分调动学生学习的自觉积极性，发挥学生的主体作用，培养学生学习的主动性和创造性，把认真完成学习任务变成自觉的行动。

确定自觉积极性原则的依据，这一原则所指的是在教师主导下学生的自觉积极性。它是由教师的教与学生的学双边活动过程的教学规律决定的。师生关系是体育教学过程中的一对基本矛盾。因为教师是教育者，他们掌握了比较丰富的体育知识、技术和经验，能满足教育好学生的需要。在实施教学计划过程中，教师的教起着主导作用，它不仅表现在对计划的制订和执行上，而且还表现在对教学过程的调节和控制上。学生是教学的对象，是知识、技术的接受者，是学习的主体。但，学生学习的自觉积极性不完全是自发的，还取决于教师的指导、传授、调节和控制。反过来，学生有了学习和练习的自觉积极性，又能主动地自我调节和控制，并与教师的调节和控制协调一致，才能保证预定教学目标的实现。所以，在体育教学过程中，要把教师的主导作用与调动学生学习的自觉积极性很好地结合起来，这是提高教学质量的基本条件。贯彻和运用自觉积极性原则的基本要求：

（1）了解和熟悉学生

教师必须了解和熟悉所教学生的特点和概况。要了解他们爱好什么、需要什么、擅长什么、有什么困难和不足，等等。这是教师搞好体育教学工作的前提。但是，真正做到了解学生是很不容易的。教师对学生的了解要做到"知人知面又知心"，能够做到这一点关键在于教师，因为教师是师生关系中的主导者，教师不主动去了解和熟悉学生、关心学生，学生就不可能产生对教师的信赖，当然也就谈不上"知心"。只有做到"知人""知面""知心"，才会有调动学生自觉积极性的基础。

（2）发挥教师的主导作用

学生的自觉积极性不完全是自发的，还必须通过一系列细致工作才能充分调动起来。所以，要调动学生的积极性，必须发挥教师的主导作用。教师的主导作用，表现在教学中如教师通过讲解、示范、组织教学等手段，把学生引导到所教的内容上来。不但如此，更重要的是给学生提供和创造一种良好的条件，使外因能顺利而迅速地转化为内因，从而调动学生的自觉积极性。

（3）建立民主平等、情感融洽的师生关系

体育教学过程中，教师要为人师表，教书育人，既要严格要求学生，又要满腔热情地关心与信任学生，使师生关系融洽和谐，感情息息相通。这种良好的人际关系，有利于学生主动地参与体育教学。

（4）注意培养学生学习的内在动力

学生学习的内在动力，是鼓舞和推动学生的内驱力。教师应不断地提高教学的艺术性和启发性，培养学生正确的学习动机和兴趣。动机是一切行为的前提，是推动学生学习、锻炼的心理依据。只有使学生形成了正确的学习动机，才能发挥学生的主体作用。

（5）培养学生自学、自练与自评的能力

自学、自练和自评的能力是养成学生经常参加体育锻炼习惯、培养终身体育锻炼意识的重要基础。在教师主导作用的前提下，要为学生自学、自练和自评能力的培养与发展创设一个良好的外部环境，放手让学生独立自主、生动活泼、主动地学习与锻炼。

2. 直观性原则

直观性原则是在体育教学中，教师充分利用学生多种感官和已有的经验，通过学生的各种感觉器官去感知事物，培养学生的观察能力和积极思维的能力，丰富学生的直接经验和感性认识，为掌握体育知识、技术和技能奠定基础。

确定直观性原则的依据是辩证唯物主义的认识规律。从生动的直观到抽象的思维，并从抽象的思维到实践，这就是认识规律，认识客观实际的辩证途径。任何知识的来源，都在于人的肉体感官对客观外界的感觉。在体育教学中，学生掌握体育的知识、技术和技能，也是从建立感性认识开始的。首先，必须使学生感知所学的动作（包括触觉和本体感觉的感知），在感知的基础上建立起完整的、正确的动作形象和概念，从而为学生掌握体育知识技术奠定基础。贯彻和运用直观性原则的基本要求：

（1）综合运用身体的各种感觉器官，感知体育教材，扩大直观效果

在体育教学中，除通过视觉、听觉来感知动作的形象、结构和要领外，还要通过触觉和肌肉的本体感觉来感知完成动作时肌肉用力的程度、方法及空间与时间的关系等，以扩大直观教学的效果。

（2）充分发挥教师本身对学生的直观作用

教师自身的一切活动都是学生观察的目标，特别是教师的动作示范、语言表达等都是学生获得生动直观的主要来源。学生模仿能力很强，所以，要求教师必须加强自身修养，提高体育理论和运动技术水平，重视动作技术示范的准确性和规范性。

（3）充分运用多种直观教具和手段

要借助多种教学媒介和各种现代化教学手段，如模型、图片、幻灯片、录像、录音、电影等，以发挥直观教学的作用。

（4）善于引导学生观察和激发学生积极思维的能力

直观性是通过学生直接观察运动动作的形象来实现的。学生在教师的指导下，通过分析、比较，弄清正在学习的与已学过的身体练习有何联系。辨别运动动作的技术结构，找出动作技术的关键，明确正确动作与错误动作的界限，从而形成运动动作的正确表象。同时，还要防止一般化的观察和单纯形式的模仿。

另外，选择运用好各种直观位置和把握使用时机，也将会取得良好的直观效果。

3. 因材施教原则

因材施教原则是指体育教师在教学中，既要面向全体学生提出统一要求，又要根据不同班级和学生的个体差异区别对待，把集体教学和个别指导结合起来，使每个学生的才能和特长都能得到充分发挥。

确定因材施教原则的依据是学生身心发展的客观规律及个体发展的不平衡性。同一年级和年龄组的学生，他们的身心发展规律具有共同点，因而体育教学可以对他们提出统一的规格和要求。同时，同一年级和年龄组学生的身心发展又存在着个体差异，如他们在身体形态、身体素质、运动能力、兴趣爱好及运动项目专长等方面都存有差异。这些不同点，又要求在统一的基础上注意区别对待，因材施教。贯彻和运用因材施教原则的基本要求：

（1）深入了解学生的一般情况和个体特点

这是进行因材施教的基础。教师要通过调查研究，全面了解班上学生的体育认识、兴趣爱好、思想品德、健康状况、体育基础、身体发展等多方面情况。找出他们的共同点和差异，才能采取不同的方法，因材施教。

（2）面向全体，兼顾两头

教师要把主要精力放在全体学生的普遍提高上。在制订教学计划、确定教学的目标和要求时，应该是大多数学生经过努力可以达到的。同时，还要兼顾两头，解决"吃不饱"和"吃不下"的矛盾。对个别身体素质好、有体育才能的学生，要为他们创造条件，让他们参加课余体育训练，为提高专项成绩打基础。对于体弱和身体素质差的学生，要热情关心、耐心帮助，使他们在原有的基础上逐步提高水平，完成教学要求。

（3）从客观实际出发

教学中贯彻因材施教原则，还必须考虑学校的客观条件。不同地区、季节、场地、器材设备条件等，都会对体育教学起到制约作用。教师在制定教学目标时，除考虑教材、学生的特点、组织教法外，还必须考虑上述各方面的客观条件，这样才能更好地因材施教。

第二章 体育教学课程改革创新

第一节 体育课程教学理论概述

一、高校体育课程教学基本理论

(一)高校体育课程教学理念

1. 高校体育课程教学的理念

体育课程的定位着眼于新世纪人才素质的需求,注重以人为本,强调以学生的学习、发展为教学的中心,以"健康第一"作为教学的指导思想。体育课程教学以学生的学习、发展为本,教学过程中要求学生进行主动学习。倡导学生主动参与、乐于探究、勤于动手,培养了学生体育能力和进行体育锻炼的良好习惯,树立终身体育的运动意识。教师在课程教学过程中的主导作用是引导、帮助学生对体育课程知识、运动方法与动作技术的学习。

体育课程突出学生作为课堂教学的主体地位,重视教师的主导作用,在教学过程中为完成共同的教学任务,实现共同的教学目标进行知识技能的传授、研究和探索。体育课程的教学要在继承与发扬传统的体育教学成功经验基础上,确立知识与技能、过程与方法及情感态度与价值观三个维度的整合。

强调知识与技能、过程与方法及情感态度与价值观的整合,体育课程打破了学科的本位主义框框,删除了"繁、难、偏、旧"的内容和改变了过于重竞技运动的状况,加强课程内容与学生生活及现代社会和科技发展的联系,把课程回归现实生活。新课程教学注重理论与实践的结合,体育运动与健身方法的结合强调体育锻炼与日常生活的融合,使学生学会学习的方法、培养体育锻炼的习惯、养成终身体育的意识。综合应用多学科理论进行教学,促进了学生身体的健康发展。现代科学发展越来越呈现出综合化的趋势,无论自然科学还是人文科学,各学科之间相互渗透,产生新的边缘学科。

体育课程的教学是促进学生生理健康、心理健康水平及社会适应能力的健康发展,有效地增强学生体质的过程。全面发展学生的身体素质和基本运动能力,形成了良好的运动技能,同时注重在体育教学过程中对学生进行思想品德教育。要完成上述的教学任务,必须综合运用体育科学、教育科学、人文科学等多学科的理论与方法,促进学生身体的健康发展,有效地增强学生体质。学生身体的健康发展是指学生身体机能、身体形态、心理素质和社会适应能力的全面发展。实施体育课程教学活动是促进学生身体的健康发展，有效地增强学生体质的运动过程。健康发展的内涵是指学生的全面、健康、和谐、可持续发展。

2. 高校体育课程教学的指导思想与任务

健康第一的指导思想不但给体育课程教学改革注入了新的内涵，而且在提升学校体育价值含量的同时使学校体育的教学目标更加明确。改变过去传统的体育教学"重竞技"，围绕"达标率""合格率"等功利性倾向，改变教学目标与学生学习的脱节现象，使体育课程教学与21世纪社会政治、经济的发展需求相适应，使体育课程教学与促进学生身心健康发展，有效增强学生体质的目的和以学生为本的教学理念更加贴切。体育教学的指导思想在体育课程教学过程中通过各种途径对学校体育教学目标、教学任务、教学内容、教学方法、教学的组织形式和体育锻炼过程的体系产生极为重大的影响，是整个体育教育理论的核心。实现教育部颁布的学校体育教学目标，体育课程教学的总任务，要全面锻炼学生的身体，促进学生生理健康、心理健康水平，有效地增强学生体质。培养学生体育能力，科学地应用健身方法，养成良好的体育锻炼习惯，为了终身体育奠定良好的基础。

（二）高校体育课程的教学过程与内容

1. 体育课程的教学方法

体育课程教学方法是教师和学生为了实现共同的教学目标，完成共同的教学任务，在教学过程中运用的方式与手段的总称。体育课程教学理论与方法的探索、研究与发展，从始至终都遵循教育学、心理学、运动人体科学的原理，遵循教学理论与教学实践相结合的事物发展规律，遵循人体运动知识、技术技能的形成规律。体育教学方法主要研究学校体育教学的基本规律，新课题是促进学生身体健康发展和有效地增强体质、掌握体育知识与运动的规律。从宏观的角度分析体育教学方法时，我们认为体育教学方法是体育课程教学活动过程中教师和学生为完成共同的体育教学任务，实现了共同的体育教学目标过程的总称。从微观的角度分析体育教学方法时，体育教学方法是由各种不同层次、具体性的教学方略、教学技术、教学手段和教学形式等所组成的一个系统性结构，包含多层面的教学技术。

2. 体育课程的教学过程

体育课程理念下的教学观强调：教学过程是师生积极参与、交往互动的过程。教学是教师的教与学生的学的统一，这种统一的实质是交往。在体育课教学过程中，强调教师的教及学生的学所构成的一个有机组合的整体教学结构系统。教师根据学校体育的教学目的、教学目标、教学任务、教学内容与教学要求，通过体育课程教学与课外体育锻炼活动等不同的组织形式，将具体的体育基础知识、健身方法、运动技术和练习手段有目的、有计划、有组织、系统地传授给学生。逐步地培养学生掌握、应用体育基础知识、健身方法、运动技术和练习手段进行运动健身的能力及对学生进行思想、道德、品质的教育。体育课教学过程的本质是使学生学习、掌握和应用体育知识、健身方法和运动技术，培养学生良好的运动技能、体育锻炼习惯和体验运动乐趣。体育课程教学过程是素质教育的重要途径，体育课程教学具有促进学生身体形态、生理机能的功能，明显地体现在骨骼、肌肉和心血管系统、呼吸系统等形态及机能的发育方面。

3. 高校体育课程的教学内容

体育教学内容是根据体育课程教学目标、指导思想、教学任务、学生的学习需要与教师的职业技能，遵循体育教学规律和教学原则来选择教学素材，并且对其进行体育教材化的加工和创造，构成了科学的、合理的、适合于社会需求和学生发展的体育课程教学内容结构体系。体育课程教学内容是体育教学实践活动的载体，包含体育教育的基本理论知识、体育健身的方法、运动技术、思想品质教育等体育教学要素和丰富的文化内涵。

教师通过教学内容的"教"和学生对教学内容的"学"的过程，使学生学习、掌握体育教育的基本理论知识、体育健身的方法、运动技术，提高身体的运动能力水平和形成良好的运动技能。从体育教育活动实施过程及其对人的发展角度进行分析，体育课程教学内容从本质上起到了体育教学实践活动的载体作用。

体育教学素材有两个明显的特征：一是素材来源广泛，内容丰富；二是教学素材之间不具有严密的逻辑性，教材系统结构中每项教学素材内容都具有各自的功能性，由多项教材内容具有的功能性总和构成了能够达成多元教学目标的可能。

体育教学内容与竞技运动的区别：

（1）体育教学内容是根据体育课程教学目标、指导思想、教学任务、学生的学习需要与教师的职业技能，遵循体育教学规律和教学原则所选择的教学素材，是以学生身体健康发展和增强体质为教学目的。而竞技运动内容则是以参加竞技比赛、夺取金牌为目的，以运动员掌握、运用运动技术，提高运动竞技能力和水平为运动训练任务，明显存在不同的任务和目的。（2）体育教学内容必须根据学生学习的需要进行体育课程教材化的改造、组织和加工，而竞技运动内容则是由统一的竞赛规程、规则制定，通常情况下不允许进行改造。体育教学内容与其他教育内容一样是随着社会发展需求而处于不断变化和发展的。现代的体育教学内容基本结构体系是随着学校体育和近来以体育运动的发展而逐步形成、改进与完善的。

4. 高校体育课程的教学评价

体育课程教学改革的一个重要内容就是以评价促发展，因此评价学生的学习要能够体现学生学习的不同层次水平。教学评价是研究课程教学过程中教师的教和学生的学的过程和结果。体育课程教学评价包括对于教学过程中教师、学生、教学内容、教学方法手段、教学环境、教学管理诸多因素的评价，但主要是对学生学习过程与结果的评价和教师教学工作过程的评价。评价中依据一定的客观标准，通过各种测量和相关资料的收集，对教学活动及其效果进行客观衡量和科学判定。

在教学评价活动中强调体育课程教学应以促进学生身心健康发展为根本目的，贯彻"健康第一"的指导思想，要求在全面锻炼身体的基础上，促进学生生理机能、心理素质及社会适应能力等方面都得到健康的发展，为终身进行体育锻炼打下良好的基础。体育课程教学的评价通过了解与评估教学各方面的情况，从而判断教学的过程、质量和水平，包括课程教学的成效和缺陷。体育课程教学的评价对教师的教和学生的学都具有极为重要的激励和导向作用。通过评价反映出学生对学习的态度、动机、兴趣、方法及其结果等，能够激励教师的教和学生的学习过程，使师生了解与掌握自己所进行的教学状态及其发展变化情况，提高教学活动的效率从而获得最佳的结果。

二、高校体育课程与课程教学模式改革

课程是为实现学校教育目标而选择的教育内容的总和，包括学校所设置的各门学科和有目的、有计划、有组织的课外活动。在我国，体育课程是全面贯彻党的教育方针、进行素质教育的重要组成部分，属于基础学科、国家课程，并被列为高校一、二年级的必修课。它是以身体锻炼为主要特征、理论与实践密切结合、促进身心全面发展的教学课程。

（一）高校体育课程概述

高校体育课程是整个高等教育的基础课程之一，是完成高等教育目的和实现人才培养目标的主要组成部分。高校体育课程是指依据高等教育目标制定的高校学生在校期间各种体育活动的总体规划及其教育活动，是为实现高校体育目标而规定的体育内容及其结构、程度和进程，包括课程指导思想、课程目标、课程设置（课程号、课程名称、课程模式、学时计划、考试形式等）、课程内容、课程结构等。它是以发展大学生体能、促进其身心健康和获得终身体育能力为主要目的的一种特殊的教育性课程，它与其他课程相配合，从而共同实现大学生身体素质、心理素质、思想道德素质、科学文化素质、专业素质和业务素质等方面的全面发展。随着社会的发展和教育改革的深化及国家培养人才的要求和学生自身发展的需要，体育课程的功能不断得到拓展和延伸。它所涉及的不仅是体育科目的内容及其活动领域，还包含着以潜在内容为活教材的整个高校体育活动。

体育教学过程是一个以传授和学习体育知识技能为主的过程；体育课程则不仅局限于知识技能的传授，还包括身体锻炼。为全面推进素质教育，充分体现"健康第一""以人为本"的现代体育教育理念和终身体育等指导思想，培养身心健康、具有创新精神和创新能力的高素质复合型人才，从客观上要求对高校体育课程体系进行全面深化改革，才能构建适应新世纪社会发展的高校体育课程体系，将高校体育教学内容、课程体系和教学方法的改革不断引向深入，实现从单纯的体质教育、体育技能教育向综合素质教育转变，从以传授体育知识技术为重向知识、能力、素质并重转变，注重学生创新精神、创造能力的培养，注重学生个性的发展，因材施教，实现体育课程校内外、课内外一体化的体育大课程教育观。教育思想、观念的改革是长期贯穿于教育活动与教学改革的整个过程，在转变思想观念和进行高校体育教育改革与实践的过程中，全国高校在体育课程改革中经历了多个发展阶段并且初步形成了各具特色的体育课程教学模式。

（二）改变高校体育课程教学结构模式

为进一步深化高校体育课程体系和课程内容的改革，培养面向未来的优秀人才，高校体育教学作为实施高校体育课程目标的主要途径，它已成为我国高校深化体育课程改革的核心。国家规定普通高校一、二年级必须开设体育课，三年级以上可开设体育选修课。全国有统一的教学指导纲要，各省根据教学指导纲要制定适用于本地区内高校的体育课程指导纲要实施意见。

20世纪80年代中期以前，高校体育课程教学模式主要沿袭苏联的规格型模式，各学校有统一的教学计划、大纲和教学评估要求，甚至有规范的课时"教学日历"，严格规定了教材内容、前后顺序安排、运动时间分配和运动量控制方法。课程结构普遍采用"三

段式"结构模式,即准备部分、基本部分和结束部分。强调统一与规范,注重教学计划和教学内容的完整性、连续性;强调教师的主体地位。教学安排主要依据人体功能活动变化规律、运动技能学习规律来具体实施体育教学工作。

20世纪80年代以后,高等教育体制进行了一系列改革,逐渐建立了"健康第一""以学生为主体"的现代教育理念和科学的教育发展观,国家体育课程教学指导纲要更注重指导性和引导性,强调了体育教学基本目标和发展目标。高校体育课程也进行了全方位的深化改革,呈现出多样化的发展格局:体育课程设置由普通体育课改革为体育选项课,进而发展为教学俱乐部制;教学双边关系由"教师主体、学生主导"向"以学生为中心""学生是学习的主体,教师起主导作用"的方向发展;由注重遵循教育规律和学生生理发展规律逐渐向注重生理、心理和社会的三维体育教育观转变。

三、推进高校体育课程教学模式的演进与课程设置模式

由于受不同时期教育思想变迁的影响,我国高校体育课程教学模式也经历了不同的发展阶段,形成不同时期占主导地位的教学模式和课程设置模式。

(一)高校体育课程教学模式的演进

从强调增强体质为中心的"传习式"教学模式阶段发展到强调以学生的体育知识、技术、技能的学习为中心,培养学生体育兴趣爱好和良好的体育锻炼习惯,从而获得终身体育锻炼能力的"教养式"教学模式阶段。随着"以人为本""健康第一"的现代体育教育理念的形成和科学发展观的树立,现代体育课程教学逐渐改革成为以学生为中心、以教师为主导的培育式教学模式阶段。

1. "传习式"体育教学模式

"传习式"体育教学模式是指在体育教学活动中,根据人体生理发展的需要和动作技能形成的发展规律,通过教师传习和学生接受的方式而形成的教学活动形式或教学现象。该模式突出了体育教学的健身性、教学性等主要功能,强调了学生学习体育的教学目的。在教与学的过程中,教师占主体地位,学生处于被动学习的状态,对学生的教育效果主要体现在生理和学习知识的变化上,忽视了学生主体的学习兴趣和本体的心理性反应,不利于学生学习能力的培养。

2. "教养式"体育教学模式

"教养式"体育教学模式是指在体育教学活动中,根据人体生理、心理发展的需要,通过教师传习和学生主体能动性反应而形成的教学活动形式或者教学现象。该模式突出了体育教学健身性的主要功能和教育功能,强调学生学习体育和学会体育的教学目的。在教与学的过程中,教师和学生处于双边的能动关系,对于学生的教育效果不仅体现在生理性的变化上,还体现在心理活动方面。与"传习式"教学模式相比,该模式注重学生学习时的心理需要、学生主体性学习能力和锻炼能力的培养。"培育式"体育教学模式是指在体育教学活动中,根据人体生理、心理和社会发展的需要,通过教师和学生互动的方式而形成的教学活动形式或教学现象。在发挥体育教学的健身性、教育性功能基础上,该模式强调发挥体育教学的社会功能,强调学生不仅学习体育、学会体育,还会学体育的教学目标。构建以学生为中心、以教师为主导的新型师生教学关系,对学生的教育效果不

仅体现在生理、心理上，也体现在综合体育素质和社会适应性能力方面。与"教养式"教学模式相比，该模式注重学生社会尊重的需要与综合体育素质和社会适应性能力的培养。

（二）高校体育课程设置体系

高校体育课程是国家规定的基础性课程，在大学一、二年级为必修课程，三、四年级根据条件可开设选修课。各高校根据自身的特点和要求，逐步建立和健全富有学校自身特色的体育课程设置体系。就我国高校公共体育课程设置情况来看，以选项课为主要模式的高校体育课程设置体系已经形成。

（三）高校体育课程设置模式

在贯彻现代体育教育思想，进行高校体育课程教学改革和实践过程中，国内各高校不同程度地进行了体育课程设置模式的改革，这些模式经过一定时期的发展、沉淀和聚类，基本可归结为以下5种典型模式。

1. "选项课"＋"校定特色体育必通课"模式

以清华大学为代表的部分高校建立了以一、二年级体育选项课教学为主体，并设以校定特色体育课程，要求每个学生必须通过校定必通课基本考核标准的课程设置模式。例如，清华大学要求男生人人能游泳200米，女生人人会编一套健美操；浙江工业大学要求人人通过"十二分钟跑"测试标准，重视体育课程"课内外一体化"建设，实施课余普通运动队和高水平运动队训练"两条腿走路"的工作路子。这一模式的采用要求体育师资力量配备充足，学校政策及财力的大力支持，教师工作待遇有较好保证等条件，能达到学生体育基本素质普遍较高，锻炼意识较强的目的。

2. "完全教学俱乐部"模式

以深圳大学为代表的部分高校建立了根据学生体育兴趣爱好，实行学生完全自由选体育项目、选时间、选教师的体育教学俱乐部模式，并将教学俱乐部延伸到课外体育俱乐部，教学模式采取指导制形式。这一模式的采用，一般要求体育教学的场馆设备条件优良，并具有较强的吸引力，有完全学分制的教育制度管理，学生体育基本素质好，锻炼积极性高，有较强的自我锻炼和体育学习习惯与能力，教学时间充分保证，师资专业结构能充分满足学生学习的需要。

3. "教学俱乐部"＋"选修课"模式

以浙江大学为代表的部分高校建立了完全网上自由选课、选时间、选教师的体育教学俱乐部模式，教学方式仍以班级授课制进行，教学管理采取学期必修课或者选修形式。教学俱乐部是介于体育选项课模式和完全教学俱乐部制之间的中间模式，这一模式的采用一般要求有一定的体育师资和项目群储备，学生的可选择性要强，有专门的体育教学选课服务系统支持，对体育教学硬件设施的要求没有完全教学俱乐部制高，学生在选课程的可选择性方面易受授课时间、师资、课程设置模块等限制。

4. "基础课"＋"选项课"模式

以浙江中医药大学为代表的部分高校建立了一年级（或第一学期）基础课、二年级（或第二、三、四学期）选项课的教学模式。基础课一般按照行政班级授课，选项课采取网上选课或根据报名情况编制体育班的方式进行。这一模式较多地强调提高了身体素质的重要性，有利于一些传统体育项目和校定特色体育的教学与考核，也便于教学的组织管理工作。

5. "选项课" + "教学俱乐部"模式

部分高校，尤其是高职类院校建立了以一年级体育选项课、二年级按照所学专业的"准职业岗位"特殊体育素质和能力需求，开设了含职业实用性体育教学内容的俱乐部教学模式。这是一种以就业为导向，强调体育教育实用性功能，以培养"准职业"人员岗位特殊体育素质和体育活动能力的新型模式。

第二节 体育专业核心课程与特色课程设置

一、专业核心课程

(一)运动生理学

运动生理学是运动人体科学最基础的课程之一，主要内容是在体育活动的影响下，人体生理功能发展变化的规律、体育锻炼及运动训练的基本生理学原理，要求学生掌握体育锻炼与运动训练中人体生理机能变化的特点和规律。

(二)体育保健学

体育保健学的主要内容是人体保健的基本规律和中国传统保健的基本理论与方法及人体在运动过程中的保健规律和措施。要求学生掌握常见运动创伤的预防、处理的知识和技能；能指导从事符合生理规律的运动，以收到增强体质及增进健康的效果。

(三)学校体育学与体育教法设计

本课程主要讲授体育和体育科学的概念；体育和政治、经济及其他社会现象的关系；体育在我国社会主义现代化建设中的地位、作用和意义；体育的基本手段和管理体制。让学生了解学校体育的地位与目标，体育教学、体育锻炼、课余训练的原理、原则、方法和学校体育研究的内容。

(四)田径

本课程主要讲授短跑、跨栏(障碍跑)、跳高、跳远、标枪、铅球等基本知识、基本技术、基本训练方法。要求学生掌握运用田径运动全面增强体质的锻炼手段、方法，具备组织、指导竞赛与管理等方面的能力。

(五)体操

本课程讲授队列队形、基本体操、技巧、单杠、双杠、支撑跳跃等基本理论知识，训练基本技术，掌握基本技能。通过对体操运动和技能的学习，提高学生的体育教学和训练能力，全面发展学生的身体素质。让学生掌握中等学校体育教师所必备的体操教学和组织小型比赛的能力。

（六）篮球

本课程主要讲授篮球运动的运动规律及其基本理论知识、技能和方法；篮球运动发展的概况、技术、战术、训练、规则，科学研究的方法及篮球的竞赛和裁判方法。通过学习，使学生具备中学篮球教学和组织课外锻炼、竞赛及场地、器材管理的能力。

二、专业特色课程

（一）裁判训练

运动竞赛的组织与裁判能力是体育专业学生专业能力及水平的重要体现，如何组织竞赛，胜任一名合格的裁判，不管是在学校体育工作中还是在社会体育工作中，都十分重要。结合校内外各项体育赛事，进行理论学习和实践的培训，要求学生至少掌握本人所选的两项专业选修课程项目竞赛规程制定、秩序册编排及裁判工作的方法和能力。

（二）资格证书培训

资格证书培训是应用型人才培养的有效途径，内容包括二级裁判员培训、二级社会指导员培训。其目的是对体育教育专业学生进行素质拓展训练，让学生通过考试获得社会认可的专业资格证书，从而适应社会对体育专业人才的要求，拓宽体育教育专业学生的就业渠道。

三、"术科"特色课程与精品课程设置

（一）体育教育专业"术科"解释

高等教育改革的核心目标就是提高人才培养的质量，教学和课程是高等教育的中心，因而教学和课程研究成为教育研究领域的两大主题。教学质量的提高受多种因素的影响，而课程是教学的载体。通过课程建设创新课程体系、优化课程环境、加强科学管理，推动教学改革，促进了教学质量的提高，进而带动整体课程建设，达到了提高人才培养质量的目的。体育教育专业在我国体育专业教育各类专业中一直处于重要地位，肩负着培养各级各类体育师资的重任。"术科"课程反映了体育专业教育的特色和优势，通过对体育教育专业"术科"课程建设基本理论的研究，探索"术科"课程建设的一般规律，构建"术科"课程建设的理论框架，为体育教育专业"术科"课程建设提供参考和理论依据具有十分重要的现实意义。

1. 体育教育专业"术科"课程概论

研究体育教育专业"术科"课程建设必须先搞清楚"术科"课程的基本问题，包括其产生的历史根源、基本概念、课程特征及课程结构与类型等问题。

2. "术科"概念

从体育专业课程变革的历史及现状看，"学科"与"术科"问题及课程综合化问题是当前乃至今后改革的两个基本问题。体育学界对"学科"与"术科"的说法虽然已被认可且深入人心，但是对这种说法的来源及对二词产生的出处并无考证。从近现代我国体育课程的起源与发展的轨迹看，"学科"与"术科"的提法是在建立培养体育专门人才的学校后而提出的概念，其含义与当今体育专业教育领域中的"学科"与"术科"的说法一致，其课程设置与目前体育院校的课程设置内容虽有所不同，但性质相同。"学科"与"术科"这种说法与划分，不管是从早期学校体育课程诞生开始，还是21世纪的今天；不管是政府文件还是人们的认识观念，在我国体育教育领域已经成为惯例，得到了认可，且存在一定的合理性和稳固性。"术科"的产生和发展不但有历史原因，更有其存在思想基础。纵观我国体育课程的发展和历史背景，军国民体育思想、竞技体育教育思想和技术教育思想课程观以各种体育思想的争论是推动"术科"产生、发展的主要思想根源。学科有两义，一是学术的分类，二是教学的科目。学科是以探索的对象或领域划分的。而一个学术领域的确定，首先要有自己独特的研究对象，其次有自己领域的专门术语、概念的理论体系和研究方法。体育学科具备了这些特征也就是第一层意义上的科学学科领域。

体育教育领域所说"学科"与"术科"是指体育专业教育中的科目，也就是学科的第二层意思。对于"学科"与"术科"含义的理解，体育专业教育界习惯称之为"理论类"与"技术类"课程。国家学位委员会把人文社会学科和运动人体学科归为"理论类"，而把体育教育训练学科和民族传统体育学科归为"技能类"。

有些学者认为，所谓的技术学科是指在体育训练中，区别于各种知识性的科目——学科的各种技术性的科目，学科与术科是共同存在于体育教学训练中的相互对应的教学科目，前者可称为知识学科，即理论学科，后者可称之为技术学科。

另一些学者认为将"术科"视为非知识性的课程，并将其从"学科"中剥离出来对立看待，是不合理的。若确属分类研究之需，将"术科"称为"技术性学科"则相对合适。

通过上述分析可以看出，对"术科"概念的认识没有统一的定论，但从课程的内容和形式上，大都倾向于以理论类课程和实践类课程为划分标准。体育教育专业课程体系中课程主要由专业理论课程、专业技术课程和实践环节课程构成。将专业理论课程归为一类，而将专业技术课和实践课归为一类，分别称为"理论类学科"课程和"技术类学科"课程。实质上，两者是狭义上的学科（科目），是体育教育专业课程的两类"课程群"。

本书将"术科"界定为"根据体育院系专业教育培养目标和要求，结合体育学科领域不同运动项目的运动技术、技能和知识组织起来的，以实践性课程为主要特征的课程群，称为技术学科"，简称"术科"。"学科"是"根据体育院系专业教育培养目标和要求，结合相关科学学科理论和体育学科理论与方法组织起来的，以理论性课程为主要特征的课程群，称为理论学科"，简称"学科"。

（二）"术科"课程建设流程

1. 建设形式

精品课程建设主要有两种方式，一是高校自建，二是校企合建。高校自建是通过高校自身投入建设，在获得校级精品课程的基础上创建省级精品课程，最后创建国家级精品课程。校企合建是教育部为发展信息技术与企业合作共建精品课程的一种独特建设形式，由教育部牵头，企业提供资金和技术，高校具体负责精品课程建设和实施。目前，体育教育专业"术科"课程建设主要是高校自建，也是目前唯一的建设形式。体育教育专业"术科"课程建设形式单一，应当在高校自建的基础上拓展建设形式。比如，高校之间合作共建精品课程，充分利用双方的优势资源，弥补自身不足，创建精品课程；高校与企业、科研院所合作建设精品课程，充分地利用企业资金和科研优势开发、创建精品课程。

2. 建设步骤

系统工程作为系统科学中的应用领域是一个多阶段的过程。一般认为系统工程包含以下几个环节：问题的提出—系统分析—系统综合—系统优化—系统决策—系统设计—计划实施—运行阶段—更新阶段。依上述系统论的观点，体育教育专业"术科"课程建设就是一个系统工程，同样由不同的环节所组成。在此基础上，通过对文献研究，本文提出了"术科"课程建设的步骤。术科课程建设的六个步骤：提出问题—分析论证—课程生成—课程实施—课程评价—课程更新。

第一步，提出问题。主要针对目前开设的"术科"课程提出问题和改革意见，或者面对国家、社会、个人的发展需要提出开发新课程或者改良课程要求。第二步，分析论证。针对所提出的问题或建议进行论证和分析，主要是对开发新课程或改良原有课程的可行性和操作性进行论证。第三步，课程生成。这是课程建设的关键环节，不管是开发新课程还是改良旧课程，课程的生成直接影响课程建设的效果。主要包括树立课程创新理念、制定课程目标、编制教学大纲、编写教学文件（进度、教案）、选择或编写教材、选择或组织课程内容等。第四步，课程实施。这是将生成的新课程通过在实践中付诸实施并进行检验的过程。主要包括课程实施的教学团队、课程实施的对象（学生）、课程实施的环境与条件及课程实施中的方法与手段。第五步，课程评价。这是通过定量与定性的方法对新课程建设的情况和效果进行评估和评价，为进一步的改进课程提高依据。主要包括对"术科"课程建设过程的评价及对"术科"课程建设实施效果的评价。第六步，课程更新。通过前面几个步骤的建设过程，依据评价反馈的信息对课程进行重新修正和改进，达到创新和改良的目的。术科课程建设流程说明：

（1）术科课程建设的步骤是一种适合于体育教育专业"术科"课程建设的普遍方法，主要从微观角度针对一门具体术科课程的开发和改革而言。（2）术科课程建设是一个完整的大系统，术科课程建设流程的各个环节中都离不开课程管理制度做保障，并且通过反馈系统进行监督、调整。（3）术科课程建设流程的核心就是课程生成环节，而课程目标的制定是课程生成的核心，课程生成环节中的其他各内容都围绕课程目标而确定。

（三）"术科"精品课程网络体系建设

精品课程建设的目的之一就是通过建设精品课程网络将优质的课程资源上网，利用信息技术和多媒体技术及现代化的教育技术，使更多的学校、教师和学生共享优质资源，促进教学质量的提高。经过六年的建设，我国精品课程建设已经形成了国家、地方和学校三级精品课程网络体系。

第一，建立国家精品课程网络体系。教育部建立了高等学校精品课程建设工作网站。网站栏目有新闻动态、政策公告、教指委专栏、地方专栏、学校专栏、校企合作和表格标准。主要发布与高等学校精品课程建设有关的政策、规定、标准及通知等信息，并接受网上申请，开展网上评审、网上公开精品课程等工作。网站建有国家精品课程评审系统和国家精品课程查询系统，评审系统主要功能是进行精品课程申报、专家评审和课程公示平台。查询系统主要提供不同年代、不同级别、不同分类精品课程的检索、查询和展示。国家精品课程网站的建立为精品课程建设提供良好的管理平台，对于促进课程的申报、课程资源的展示及信息传递提供了良好的交流平台。

第二,建立省级精品课程网络体系。根据教育部课程建设精神和要求,各省(直辖市)教育行政部门建立了省级精品课程网站。不同省、市网站栏目的设置有所不同,但大体上都包括新闻动态、通知公告、课程展示、课程申报、学术交流、学校专栏等栏目。省级网站主要是负责省级精品课程的申报和省级精品课程资源的展示。主要提供课程申报的各种信息、政策要求及展示省级精品课程和查阅。

第三,建立校级精品课程网络体系。全国普通高校按照教育部精品课程网络建设要求,积极投入人力、物力、财力建设精品课程网站。学校精品课程网站的主要功能是展示具体的精品课程、向上级申报精品课程及直接为教师和学生提供网络课程资源,包括精品课程制作系统、申报系统、评审系统、课程展示等。课程网页按照教育部文件规定制作栏目,主要包括课程介绍、师资队伍、教学大纲、教学计划、教学方法、教学课件、教案、试题库、习题集、试卷、教学视频、考核办法、教材、参考资料等。

(四)我国高校体育教育专业"术科"课程建设对策

1. 明确指导思想,树立先进理念

为了适应知识经济时代的挑战和未来社会的变化需求,高校体育教育专业的人才培养有必要从社会进步、学科的发展、行业的需求及学生的知识、素质、能力等方面进行考虑。"术科"课程建设应当以科学发展观为指导,坚持"三个面向"的战略方针,转变学科中心思想,树立先进的理念,从而适应以社会发展为导向,树立"两个坚持、一种理念、一个目的"的指导思想。创建具有体育教育专业特色的"术科"精品课程。体育教育专业"术科"课程建设指导思想:坚持以提高教学质量为中心,加强"术科"课程的改革、创新和整合;坚持以素质教育为根本,强化自主性学习、研究性学习、实践性学习和协作性学习;树立以学生为本,全面发展,开拓创新,适应社会的现代教育理念;努力达成培养具有创新精神和实践能力的高素质复合型体育人才目的。

2. 创新课程体系,实施整体改革

课程体系是体育教育专业"术科"建设的核心,只有创新课程体系,突出课程特色,才有可能成为优秀课程。

(1)重新定位课程目标

体育教育专业"术科"课程目标设定不能以掌握运动技术、技能为主要目标,更不能以提高运动成绩为目的。应从学科中心的课程观向整体教育观转变。首先,要根据教育目的和体育教育专业培养目标要求确定课程目标。体育教育专业"术科"课程不仅要使学生掌握运动技术、技能,更重要的是掌握传授技术、技能的"教法";不仅要掌握各种运动知识和方法,还要提高各种实践能力和创新能力。其次,确定课程目标要考虑学科、社会和学生三者的关系。既要传播体育学科知识,又要考虑社会需要,还要注重学生的全面发展。在对学生的特点、社会的需求以体育学科的发展等方面进行深入研究的基础上提出。最后,课程目标要考虑认知、情感和能力三个领域。不仅要考虑掌握体育运动技术、技能和运动理论知识,更要考虑通过术科课程的学习达到对学生个性、品质、价值观等情感领域培养的目标。

(2)创新教学方法和手段

①传统教学方法与现代教育理念融合。"术科"课程的传统教学方法主要采用"示范→

讲解→练习"的方法进行实践教学,以教师为中心的教学方法占据主流地位。"术科"课程教学方法应当在传统方法的基础上,融合现代教育理念,向以学生为中心和学教并重的方向发展,注重学生的自主学习、探究学习及合作学习的理念,创新教学方法。在教学实践中改变传统的教学模式,突出"学法",提倡教学互动、师生互动,并结合多媒体视听手段教学,引导学生学会学习。②运用现代教育技术促进教学方法与手段革新。现代教育技术和信息技术的发展为"术科"课程的教学提供了新的平台,通过运用计算机技术制作教学课件及多媒体技术制作教学录像,运用计算机技术开发教学软件及制作网络课程等手段,为"术科"课程的教学方法和手段的创新提供了新的途径。

（3）改革考核评价体系

传统"术科"课程的考核评价体系主要体现甄别功能,注重评价的结果、评价运动知识和技术、技能的掌握,而忽略了学习的过程对于学生掌握方法与手段的评价及各种实际工作能力的评价。首先,"术科"课程评价应着眼于学生全面发展的衡量,包括认知、能力和情感三个领域。认知领域评价不仅要考查学生掌握"三基"情况,还应考查对各种方法和手段的掌握。能力领域评价要考查学生各种实践操作能力和应用能力。情感领域要考查学生个性心理品质、情感态度、价值观等。其次,"术科"课程评价应注意终结性评价与过程性评价相结合,定性评价与定量评价相结合,整体评价与个体评价相结合,运用多种评价方法综合评价。最后,"术科"课程评价主体应当多元化。不仅有任课教师实施评价,还应当有学生评价、管理人员评价、同行评价及社会评价等。

3. 提高综合素质,锻造师资队伍

师资队伍是制约"术科"精品课程建设的瓶颈,通过自身培养、人才引进及合作共享教师资源是加强师资力量的有力办法。

（1）培养教学名师,引进学科带头人,打造一流的教学团队

首先,加强自身"造血"功能,培育高职称、高学历人才,培养教学名师担任"术科"精品课程建设的负责人,整合教师资源,配置合理的年龄、知识结构和数量的人员,组成教学团队。其次,通过引进人才、特聘教授等措施,提高师资队伍力量,加强教学团队建设。最后,通过合作共建精品课程,共享优秀教师资源。比如,通过对校际的合作,将同类术科课程教师资源优化整合,共同创建"术科"精品课程,解决优秀教师资源缺乏问题。

（2）加强教师继续教育,提高综合素质

培育创新型教师综合素质对术科课程建设影响较大,其中教师的教学理念和教学水平影响最大,直接影响到术科课程的教学质量。教师的科研能力、知识结构、职业精神和重视程度直接影响到课程建设的实施效果。首先,通过对教师在职进修和培训,提高教师综合素质。如通过教师自学、函授学习、短期培训、学历进修等形式提高综合素质。其次,通过各种学术活动提高教师能力,培养创新型教师。如通过学习各种规章制度和政策,转变思想,提高认识;通过参加学术活动和参与科学研究提高教师的科研能力和创新能力;通过开展教研活动加强专业知识的学习,改善知识结构,提高业务水平等。

4. 优化课程环境,加强网络建设

随着现代科学技术和全球化网络的发展,利用信息技术和网络技术改善教学环境,利用网络资源扩大教学资源的信息量,利用网络传播改变知识获得的方式和交流方式,是现代教育发展的趋向,也是课程建设的努力方向。

（1）加强课程环境建设，改善教学条件，营造良好的实践教学环境和网络教学环境

第一，优化实践教学环境。"术科"课程的物质环境建设主要是实践教学环境的建设，实践教学环境是"术科"课程实施教学活动的外部环境和必备条件，主要由多种教学设施组成，包括运动场地、各类场馆、运动器械、器材及各种教学辅助设备等。对实践教学环境的建设应当有制度、有规划、有监督，做到有计划的投入经费。第二，优化网络教学环境。网络教学环境建设主要是指网络教学平台的建设，包括多媒体教室和网站（网页）的建设。充分利用多媒体教室资源不仅能进行术科课程的理论教学，还要利用计算机技术进行技术、战术教学演示和分析等。通过建设术科课程网站（网页），把优质的术科课程资源共享，辅助术科课程教学和学生课外学习，促进学生的自主学习和课外交流，促进教学质量的提高。

（2）加强网络建设投入和管理力度，提高网络建设质量

第一，提高教学课件和录像质量。如制作高质量的 PPT 课件、Flash 动画、CAI 教学软件。另外，通过多种途径制作教学录像，提高质量。许多高校困于建设经费紧张，网页的设计、制作及教学课件、视频的制作主要依赖学校和教师，甚至靠学生来制作，这也是网络建设较差的原因之一。利用专业公司的技术手段与教师和学校相结合是提高网络建设水平的重要途径之一。第二，加强网络建设监督，及时维护、更新。网页打不开以及长期缺乏维护和更新是影响学生浏览率低的重要原因，通过监督、检查和激励与处罚机制对网络建设规划的落实进行管理，如实行年度中期检查和年终评价制度。第三，加强网站动态设计，建立互动式网站，设置即时交流系统，增加互动功能。比如，在网站设置 BBS 教学论坛，在线适时讨论；设置在线测试、网络答疑、E-mail 信箱等栏目，在固定时间或非固定时间由不同课程教师和学生在线交流，加强交流和讨论。第四，加强网络建设经费管理，保障网络建设专项经费投入，由学校和项目责任人共同管理，定期对网络建设和维护状况进行监督、检查，责任到人。建立奖励和处罚机制，根据对网络建设情况和验收结果，分批分期拨付经费。

5. 加强政策扶持，推动课程建设

（1）转变思想，重视"术科"精品课程建设

在体育教育专业"术科"课程建设中存在领导与教师重视不够，投入精力不足的现象。学校各级领导应当转变观念，提高对"术科"课程建设的认识，支持"术科"精品课程建设。另外，通过采取相关措施鼓励教师积极参与"术科"精品课程建设，为教师投入精品课程建设创造有利条件，激励教师在精品课程建设中得到自身的发展和自我价值的实现。

（2）制定合理的激励政策

将精品课程建设工作与教学和科研同等对待。精品课程建设工作与教学和科研工作不同，由于精品课程建设工作时间不定，工作量大，成效慢，效果不明显，且考核不能与教学和科研同等，致使教师投入精力不足。因此，制定了相应的精品课程建设工作考核标准，将精品课程建设日常工作细化，并计算工作量。制定政策将精品课程工作成果与教师评先、晋职、晋级挂钩，是促进"术科"精品课程建设的重要措施。

（3）制定合理的经费政策

首先，加强精品课程前期开发建设经费投入。由于精品课程建设前期在课程设计、

论证、开发，教材编写与图书资料购置及教学软件开发、网页制作、课件制作、视频拍摄等方面都需要投入大量的人力、物力和财力，仅靠教师个人和部门投入不能满足需要，因此学校可以立项的形式，在经过充分论证可行性的情况下，提供精品课程建设启动经费，扶持精品课程的开发和建设。其次，加强精品课程持续建设经费的投入。在精品课程建设建成后，一方面课程资源的再开发、网页更新和维护、教学环境的改善等需要经费支持；另一方面由校级精品课程向省级和国家级精品课程目标建设需要经费支持。所以，学校应出台相关政策，结合不同级别精品课程给予配套经费，通过精品课程建设效果，进行年度或学期考核评估。

（4）制定合理的用人政策

"术科"精品课程建设不仅需要一流的教学团队，更需要教学管理人员的参与和教辅人员的协助。通过制定相关政策，合理的调配人员，提高服务质量，对"术科"课程建设的顺利实施提供有力保障。因此，制定合理的课程建设政策，建立有效的管理机制，合理调配人员，构建包括教学人员和管理人员的课程建设团队，明确权利、责任和义务，发挥教师、管理者各方人才优势，积极地参与"术科"课程建设，才能促进"术科"课程出精品、上档次。

6. 拓展建设途径，推进辐射共享

课程建设的目标不仅要建设一流的课程——精品课程，更重要的是优质课程的推广和应用——精品课程辐射共享。精品课程的辐射推广是课程建设的重要组成部分，通过推广精品课程，促进优质资源共享，带动课程建设。

在推广过程中，不断地改进课程、更新课程，促进课程建设的可持续发展。

国家精品课程建设主要采用学校先行建设、省（区、市）择优推荐、教育部组织评审、授予荣誉称号、后补助建设经费的方式进行。这种方式的弊端在于：其一，前期建设学校投入不足，甚至只由教师自身投入，导致课程建设质量下降。其二，由于部分高校优质资源不足，导致课程建设滞后，无法创建精品课程。如缺少学科带头人，教授和教师数量少，无法组成教学团队。其三，为申报精品课程学校临时制定政策投入建设经费，申报成功后，后期建设经费不到位。其四，精品课程建设目的是通过精品课程的辐射作用，促进优质资源共享，带动高校整体课程建设，提高教学质量。然而，辐射效果并不明显。针对上述问题，应当改变课程建设方式，拓展"术科"课程建设途径，整合各方资源，创建"术科"精品课程，促进"术科"课程的可持续发展。

第一，高校自建。我国地域辽阔，高校分布广泛，具有浓厚的地方民族体育特色，体育教育专业"术科"课程建设应当充分挖掘地方体育资源，立足于开发具有地方体育特色的"术科"校本课程，既节约了资源，又突出了课程特色，既满足学生需要和兴趣，又适应社会体育活动的需求和基础教育体育课程改革。

第二，校际合建。由于高校扩招带来了高校资源的紧张，不但存在教学资源、师资力量的紧张，还存在教育经费和教学条件的紧张。通过高校之间的合作，有利于资源互补，加强师资队伍力量，共享优质资源；通过强强联合，有助于开发优质资源，创建优质课程；通过强弱联合，有助于带动课程建设薄弱高校发展；通过跨地区合作，有利于整合地方资源，开发精品课程；通过东西部合作，有利于促进西部高校推动精品课程的建设。

第三，校企共建。由于建设经费的制约和科研力量不足，限制了"术科"精品课程建设的发展，影响了精品课程建设的质量和效果。通过对高校与企业和科研院所联合共建精品课程，利用企业的资金投入和科研机构的研究能力，既解决了资金问题又加强了课程创新力度，同时通过高校课程建设的后期效应，为企业和科研机构增加经济效益和社会效益，使高校与企业、科研机构互利互惠，达到了共享共赢的目的。

我国高校体育院系数量多，分布广泛，由于师资力量薄弱、课程资源的匮乏及建设经费的制约，影响了"术科"课程的建设。单一的"高校自建"精品课程模式不能适应课程建设的发展，只有拓展课程建设方式，通过多途径共建精品课程，才能有效地促进课程建设，推动优质资源共享，扩大课程的影响度和精品课程的实质性效果。

总之，在体育教育专业"术科"课程建设中，应当明确指导思想，树立先进的理念，以一流的教学团队对课程体系的各要素进行系统性的整体建设。加强政策扶持和经费投入，重视网络建设，拓展建设途径，推动精品课程优质资源的辐射共享，保持"术科"课程建设的可持续发展。

第三节 体育教育专业教材改革与建设

一、体育教材特征

（一）体育教材的知识性与技能性

体育教材包括体育运动技能体系和体育知识技能体系。由此可知，体育教材最重要的两个特性是技能性和知识性。在技能性方面，体育教材的内容载体应具备为学生掌握运动技能提供指导的功能，包括体育运动项目练习方法、竞赛活动方法、动作方法等。在知识性方面，体育教材应具备为学生了解健康生活、体育科学指导的功能，包括体育与健康等方面的具体内容。需要注意的是，体育教材的知识性与技能性要有联合性的体现，形成完整体系。

（二）体育教材的健身性与综合性

健康第一是我国体育课程开展的重要原则。因此，体育教材应具备一种重要特性就是健身性。教材内容应能够体现出传授健康知识和技能的理念思想。同时，体育课程的综合性决定了其教材的多元化，目标应遵循运动技能、心理健康、运动参与、身体健康、社会适应五方面内容。

（三）体育教材的阶段性与连续性

对于大学一到四年级的学生，其身心需求与认知需求等方面都各具特点。大学体育教材需要满足不同年龄段学生的发展需求和阶段特征。基于此，体育教材需要具备阶段性的特征。这有利于大学体育课程学习的系统性和递进性，帮助学生形成了终身体育的理念。

二、体育教育专业教材改革与建设的意识观念

（一）体育教育专业教材改革与建设必须牢固树立目标意识

普通高校体育教育专业教材建设质量是实现人才培养目标的重要保证。目标意识即教材的改革、编写和选用要紧密围绕人才培养目标，符合课程教学大纲的要求。培养新世纪具有创新意识和精神的"复合型体育教育人才"，不但对教育、教学的各个方面提出了很高要求，也蕴含着对教材建设质量的高要求。教材改革与指导思想就是要不断适应社会发展的需求，不断提高教材质量，为人才培养服务。教材建设质量制约着人才培养的质量，因此教材不仅要具有很强的实用性，还要体现科学性、新颖性和系统性，具有很高的教育、教学价值。教材也是直接联结教师与学生的桥梁，作为含有各种信息和知识的载体展现在教师与学生面前，为教师教学范围和深度提供基本依据，为学生学习提供基本内容和信息含量，使之更好地为培养目标服务。

（二）体育教育专业教材改革与建设必须牢固树立更新意识和创新意识

更新意识即加快教材的更新换代，缩短教材的建设周期，不断充实教材的新内容，努力保持教学内容的基础性、先进性和前沿性。随着现代社会的快速发展，世界信息更新速度异常快速，淘汰程度日益加剧。

21世纪是信息化时代，人类知识总量呈时间的指数函数增长，新技术每隔10年就有30%～50%过时或被淘汰。全世界每天约有近百亿信息单元的信息量在传递，年产约720亿信息，并以15%～20%的年递增速度在发展，现在的知识信息仅是2050年的1%。新世纪体育知识信息也会空前丰富，知识陈旧、老化的速度不断加快，迫使我们必须主动地更新教材内容，扩充教材新信息含量，才能为培养适应现代社会快速发展需要的复合型体育教育人才创造条件与提供保证。不断创建体育新学科教材是培养新世纪复合型体育教育人才的重要举措。

现代社会已进入科学知识高度分化与高度综合的时代，各种知识相互渗透、交叉和融合，不断地创建出适应现代社会发展需要的新兴学科。体育学科也是如此，在现代社会发展的大背景下，从自身快速发展过程中创建出了一些体育新兴学科，如体育产业学、体育休闲学、体育经济学等，为体育教育专业培养"宽口径、厚基础"人才而服务。但是，新学科教材建设工作十分滞后，往往在开设这些新课程时，缺乏应有的教材是教学中遇到的主要难题，创编新学科教材已成为迫切需要解决的问题。广大教师和科研人员要主动积极地开采，进行有目标的探索与研究，逐步设计和形成创编新学科教材的思路、指导思想、框架体例、内容体系等，加强新学科知识的总结、归纳、梳理、重组和整合，不断充实、丰富新学科的理论与方法，创编出高质量的新学科教材。

（三）体育教育专业教材改革与建设必须强化多样化意识

积极建设体育教育专业多种教材是丰富教学内容、提高学生综合素质的一项有力措施，有利于学生更好地理解、掌握基本教材的内容，为学习中的解题、解惑、解难提供更简洁明了的回答，为提高教学质量创造条件。多样化教材不仅为教师备课提供选择，有利于丰富教学内容，拓宽学生的知识面，还可以提高学生学习的主动性和积极性，培养学生自主学习的习惯和相关研究能力，有利于促进学生对体育知识的摄取、消化、转化

和实际应用，培养学生综合运用知识的能力及创新思维和精神。教材改革与建设必须强化多样化意识，即形成文字教材、电子教材、辅助教材和参考资料相配套的教学用书与教学软件，并紧密衔接、兼容基本教材的重点、难点内容，从而适应现代化教学的需要，使多样化教材在深化教学改革、提高教学质量、培养学生综合素质中发挥重要作用。

三、把握体育教育专业教材改革发展趋向

把握体育教育专业教材改革发展的趋向，能够更好地明确教材改革与建设的思路。当前，体育教育专业教材改革发展趋向主要表现在以下三个方面。

（一）朝着多元化方向发展

体育教育专业的教材改革，首先表现在契合现代社会发展需要而朝着多元化方向发展，即教材由原来的基本教材（学生用书）建设逐渐发展为基本教材、参考教材（教师、学生）、试题（卷）库等相配套的建设；由原来的文字教材建设逐渐发展为文字教材、电子教材、网络课件等相配套的建设。

注重字、像、声、图并茂，达到组合优化，进一步地提高教材的全面功能及可读性、可看性和参考性等，从而促进教材的全方位服务，充分发挥教材多元化的教育功能。

（二）朝着不断创建新学科教材方向发展

为了人才培养和组织教学的需要，为了及时介绍、推广多学科知识经渗透、交叉、融合而成的新知识及新知识在体育教育领域中的运用，有关专家、学者勇于探索，大量开拓原始性创新，努力创建了各种体育新学科和创编各种体育新学科教材，供学生学习与参考，开阔新知识视野，这也是教材改革建设一个重要的发展方向。21世纪，信息发展非常快，信息淘汰与更新的周期大大缩短，大量新信息的产生积极地促进着人的思想观念、思维模式、知识结构、能力结构乃至精神与人格诸方面的变化，由此使人的综合素质与能力不断地得到提高。同时，体育教育专业各学科知识的综合性得到了加强，并和其他学科知识相互渗透、交叉、融通，在实践中各种知识的碰撞会产生许多新的体育现象，亟须运用体育理论知识加以解释与指导。社会发展是创新教育的推动力，而创编各种体育新学科的教材是不断促进创新教育开展的重要部分，是人才培养"面向现代化、面向世界、面向未来"的需要。

（三）朝着体育人文社会科学方向发展

体育人文社会学科知识的教育占有重要位置，如学校体育管理和社会体育指导等，必须培养学生掌握一定的体育人文社会学科知识才能胜任今后的工作。鉴于此，大量的人文社会科学知识会不断被借鉴、移植、渗透和运用到体育教育中来，从而促进体育人文社会学科的建设与发展，并且创建体育人文社会学类的新学科和创编相关的教材，为达成培养目标服务。人文社会学科的研究主要涉及"人—社会"方面，而体育学科的研究则主要与"体育—人—社会"有关，其知识底蕴容易相通，相互之间易渗透、交叉和融合，创建出各种体育人文社会学类新学科。因此，体育学科与人文社会学科之间不存在一条宽阔的"壕沟"，仅仅是一个"门槛"而已，只要努力学习、深入研究就可以使其为体育所用。随着社会体育事业的快速发展，对于社会体育指导工作的要求越来越高，只有掌握

大量的科学理论知识才能更好地指导实践，促进社会体育事业蓬勃发展。因此，体育教育专业教材改革与建设会快速地朝体育人文社会科学方向发展，架起社会体育理论与实践的桥梁。

四、编写体育教育专业教材应遵循的基本原则

（一）实用性原则

编写教材要先贯彻实用性原则，这是"教与用""学与用"、理论与实践紧密结合的具体体现。在现有不多的教学时数内，选择最具运用价值、最新研究且实用价值高的理论、方法、技术和技能等，使编写的教材具有很高的实用性，学生能学以致用，紧密联系实际，解决实际问题，提高了实际工作能力。

（二）科学性原则

遵循科学性原则，主要体现在所编写的教材要符合教学对象的实际，符合学生的知识水平、认知规律、身心发展规律等，使教材的教育作用能促进学生形成合理的知识结构，潜力得到开发与利用，综合能力和整体素质得到全面发展和提高。

（三）新颖性原则

编写教材要不断更新内容，突出新颖性原则。如果教材内容陈旧，落后于时代的发展，就会造成学生学得无用，教师教得无意义，得不偿失，事倍功半。编写教材不仅要选择最新的知识，还要对原有的知识加以改造、转化、组合等，形成新的理论体系和方法体系，使教师教有味道，学生学有兴趣。编写教材除注重内容新颖外，还要重视教材版式的创新，加强配套教材的建设，从而全面体现新颖性原则。

（四）系统性原则

考虑系统性是编写教材的重要原则。一本教材代表着一门课程较为完整的教学体系，尽管课程不能等同于学科，但在教材中应有其自身的基本概念、理论体系和方法体系等，虽自成体系，但相互联系，紧密结合。只有充分地考虑系统性原则，系统构建教材编写内容框架，才能使学生掌握一门课程的完整知识，而非零星散乱、缺乏内在紧密联系、难以运用理论指导实践的知识。在贯彻系统性原则的同时，一定要避免相关课程教材在内容上的重复。当前，相关教材内容重复的问题比较突出，应深入研讨与探索，加强相关课程知识内容的梳理、整合和归属，科学构建每门课程教材的知识体系，使之自成系统。

（五）精练性原则

教材是一门课程教学内容的综合体现，体育教育专业课程教学内容源于课程相对应的学科的部分知识，但绝不是全部知识。随着学科的不断建设、壮大、成熟与发展，其知识体系会越来越丰富，而专业教学计划对课程教学时数控制得非常严格，要求在规定的学时数内完成课程教学任务。教材内容的选择也受教学时数的制约，精选教材内容、体现精练性是编写教材应遵循的重要原则。根据培养目标与规格，依据教学任务与学时数，既要精选教材内容，把握学科内在的知识体系和现代社会发展的需要，把最具代表性的知识点、知识面和先进的方法、手段精选入教材，又要加强教材体例结构、文句等精练性，

才能编写出一本好的教材。

（六）发展性原则

编写教材应充分地考虑发展性原则。体育教育专业学生培养要"面向现代化、面向世界、面向未来"，教材改革与建设也要体现"三个面向"的精神。因此，教材建设要体现一定的前瞻性，契合现代社会发展的进程。同时，贯彻发展性原则还应从学科自身不断发展、前沿知识不断涌现、发挥教材对学生潜在发展性的促进作用等方面考虑，把握好教材改革和建设的思路。

五、我国大学体育教材优化策略

（一）理论课教材优化

一般而言，体育理论教材主要以教室作为教学场所，在利用现代信息技术手段方面具备更多的便利性。在理论课教材优化方面，教师应注重体现体育理论教学难点、重点内容，并与课程教学模式相融合。在新时期的理论课教材呈现方式上，教师需要根据以下几方面来优化理论课教材。

第一，自制软件形式。根据现阶段体育技能项目的运动轨迹与技术特征，教师可运用多媒体技术来丰富体育教材的内容体现，利用 PPT、微课制作等技术，转变传统的单调理论教学模式，创造出图文并茂的体育理论教材，这样不仅可以提高教学效率，还可以提升学生对体育课程的兴趣。

第二，多媒体课件的形式。文本、图像、声音、视频等多媒体课件是纸质体育理论教材的延伸，在体育理论教材内容与表现形式方面具有很多优势。随着互联网技术的发展，体育教材不再局限于课本知识，而是趋向于多信息通道融合，有利于满足体育教学的现实需求，便于学生理解。

（二）大学实践课教材优化

现阶段，衔接学校与社会的重要内容之一就是以能力和习惯为导向来实现大学实践课教材的优化，这对帮助大学生养成终身体育意识有重要作用。相比于一般教学课程，在模仿性、形象性、直观性等方面体育实践教学都有更加明显的特征。在体育实践课教学中，很多课堂时间是用来进行学生自主练习与教师示范讲解的。大部分实践课需要在运动场所展开，其教材数字化课时比重在 10% 左右。基于此，除战术学习与运动项目技术外，实践课程的内容并非所有实践教学内容都适合进行数字化整合，还包括身体素质的锻炼。相关人员在编写大学体育教材时，需要使之符合大学生行为习惯和思维特点，满足经济社会发展的需要，使教材可以有助于学生养成体育锻炼的习惯，掌握两三项终身受用的技能。

（三）注重体育教材的多维度发展

在实践中，由于大学生身心发育相对成熟，所以相比于中学课程，大学体育教材需要在中学课程教材的基础上加大内容的广度与深度。在大学体育教材编写过程中，相关人员要从以下两方面来体现其科学性：第一，训练大学生运动技能方面。教材不但要能够全面讲解体育技能，还应该从运动生理学、锻炼心理学、运动解剖学等不同角度来诠释体育技能的内在价值。第二，培养大学生体育锻炼的习惯与能力方面。为大学生的终身体育打下坚实的基础，让他们更好地认识到体育锻炼的重要价值，教师要从大学生成长、成才与工作和生活方面来综合性分析大学体育教材。

第三章 体育教学内容与方法的科学创新

第一节 体育教学内容的科学探究

一、体育教学内容的编排

体育教学内容的主要编排方式包括直线式排列和螺旋式排列，同时还包括以上两者综合在一起而得到的混合型排列方式。

对体育教学内容的编排提出的理论是：体育教学内容的编排当中，存在循环周期的现象。这种循环周期现象是指在同一教学内容当中，不同的学段、学年等范围当中进行的反复的重复安排。这种循环的周期有的是课、有的是单元、有的是学期、有的是学年，甚至有的循环是在某一个学段当中。以跑步为例，一节体育课上要进行100米跑，下一次课当中仍然要进行100米跑就是以课为周期的循环。在一个学期内安排100米跑，在下一个学期内的课程仍要安排100米跑就是以单元和学期为周期的循环，以此类推。

根据以上理论，我国体育教学学者根据不同的内容性质而对体育教学内容的编排分为四个层面："精学类"教学内容——充实螺旋式、"粗学类"教学内容——充实直线式、"介绍类"教学内容——单薄直线式、"锻炼类"教学内容——单薄螺旋式。

以上编排方式很好地满足了新课程标准中对于体育教学内容的要求，并且根据体育教学内容当中的自身理论，结合当前体育教学内容当中各种情况的现状，创新地将各个方面的内容合理编排在体育教学中，所以在未来很长一段时间内这种编排方式都将是非常适用的。

二、体育教学内容的选择

体育教学内容这一因素在体育教学当中非常重要，体育教学内容对于整个体育教学活动的过程产生着非常大的影响。体育教学内容同时还将教师与学生连接在一起，促进学生和教师之间的信息交流。体育教学对于体育教学方法和教学手段通常起着制约的作用，这有助于体育教学目标与课程目标的实现。为适应时代的需求，体育教学内容的选择必须要符合一定的依据，遵循一定的原则。

（一）体育教学内容选择的依据

1. 体育课程目标

体育课程内容在实现体育课程目标的过程中是作为手段而不是目的存在的。体育课程目标存在多元性的特征，体育运动项目和身体练习也具备可替代性的特征，这都使体育教学内容的选择变得更加多样性。所以，选择体育教学内容时必须有标准可以依据。

体育课程的目标是对教学内容选择的重要依据，这是由于体育课程目标在体育课程编制的过程中，在每一个阶段内都作为教学内容的先导和方向，所以它经过了多方专家的合理思考验证，对于各个方面的影响都进行了认真合理的验证。因此，进行体育教学内容时，目标是必须遵循的，相应的体育课程目标对应着相应的体育课程内容。

2. 学生的需要及身心发展规律

选择体育教学内容时，学生的需要是必须要考虑的。体育教学以促进学生身心发展为目的，所以对体育教学内容进行选择的一个必要因素就是学生对于体育的需要和兴趣，这对于有效的学习是非常重要的。学习需要学生的主动参与，而主动参与就是学生自身积极和努力。通常学生如果面对感兴趣的事情，那么其参与的动力就会大大增加，学习的效率也将倍增。这非常符合一些教学学习所提出的观点：如果学习是被迫的而不是学生出于兴趣而进行的，那么学习在某种意义上来讲可以说是无效的。调查结果也非常符合这一说法，那就是如今大学生虽然非常喜欢参与课外体育课程，但对体育课却是兴味索然，最重要的因素就是教学内容缺乏趣味性。

学生对教学内容的接受程度取决于其身心发展规律及特点，因此从这个角度来说，体育教学内容必须要使学生接受，并且产生兴趣。所以进行体育教学内容的选择时，学生的特点就决定着教学内容当中的各项要素，绝对不能忽略学生的实际情况。

3. 社会发展的需要

学生的个体发展无法脱离社会的发展。因此，体育教学能够在健康方面为学生打下良好的基础，所以在进行体育教学的内容选择时，除考虑学生本身的需求外，社会现实发展的需求也必须被考虑进去。体育内容在选择方面不能忽视学生走入社会后发展所必需的体育素质，所以体育教学内容必须能够满足学生在社会发展当中各方面的需要。除此之外，体育教学内容必须做到与社会生活和学生生活联系在一起，这样才能让学生体会到其作用，其功能得以实现。因此，体育教学内容的选择与社会实际相符是非常重要的。

4. 体育教学素材的特性

在体育教学内容的选择中最重要的要素就是体育教学素材，而它最大的特性就是并没有非常强的内在逻辑关系性，这种特性使得体育教学内容的选择无法完全按照难易程度和学生素质来进行。因此，体育教学内容往往只是以运动项目来进行划分，但是各个教材内容之间的关系是平行和并列的，如篮球和足球、体操和武术等。表面上看似乎有联系，但这种联系并非能够认得非常清晰，而并没有先后顺序，也无法判断一项能够作为另一项的基础。所以在这里是无法确定教学内容内部的规定性和顺序性的。

体育教学素材的第二个特性是具有一项多能和多项一能的特点。所谓的一项多能就是指通过一个运动项目，能有非常多的体育目的，这就是说在这个项目中有着目标多指向性的特点。以健美操为例，有人利用这个项目来锻炼身体，有人利用这个项目进行娱乐，同时这个项目还有表演的作用。在很多情况下，进行健美操运动往往能实现多个功能，这就是说，学生掌握了一项运动之后，就能够实现多种目的。多项一能则突出了体育教学内容之间具备相互的可替代性。像从事投掷练习，可以扔沙袋、投小垒球、推实心球和铅球也能够实现。想通过体育运动得到娱乐放松，可以踢足球、打排球，同样打篮球、打网球也可以实现。这就是说，想达到目的并非只有一个项目可以实现，不同的项目也同样能够做到。正是由于这个特性的存在，使得在体育教学内容中没有不可或缺的项目，使得体育教学内容并不具备强烈的规定性。

体育教学素材的第三个特性是它拥有庞大的数量。庞大的数量使得其内容相当庞杂，并且在归类上存在一定的难度。人类文明诞生以来，创造出的体育运动项目数不胜数，丰富多彩，并且每一个运动的技能对于练习者的身体素质也有着各种各样的要求。鉴于这个原因，没有哪个体育教师能够精通全部的体育项目，所以体育教师的培养才要求一专多能，体育课程的设计者也很难寻找到最合理的运动组合运用到体育教学内容当中，同时也几乎不可能编写出适合所有地区和教学条件的教材。

体育教学素材的第四个特性是在每个运动项目中，其乐趣的关注点都是各不相同的。以篮球和足球为例，其乐趣就是在激烈的直接对抗中，通过娴熟的技术和精妙的战术配合而得分。如在隔网类运动中，其乐趣则是双方队员在各自的场地中通过对巧妙的配合而将球击到对方场地而得分。因此，体育运动都有各自的特性使得在体育教学内容的选择上乐趣是无法忽略的内容，这同时是快乐体育理论存在的事实依据，并且这一理论在体育改革进程中发挥着关键作用。

(二)体育教学内容选择的原则

1. 教育性原则

进行体育教学内容选择时，首先应从教育的基本观点对体育教学素材进行选择，分析其是否与教育的原则相符，与社会的固有价值观是否同步。要明确分析它是否有利于学生的身心发展和身体锻炼。

进行体育课程内容的选择，必须与体育课程的主要目标相匹配，确立"健康第一"的指导思想，并且以此作为体育教学内容当中最基本的出发点，同时看重其中的文化内涵，使学生在学习体育技能的同时更能深刻体会到体育文化修养带来的益处。学校体育在培养学生时应首先考虑对学生的品德、智力、体质等方面的全面发展是否有利，将理论与实际结合起来，使学生了解人体科学知识的同时真正锻炼身体，还要从思想文化等方面下功夫，使其在双方面同时发展。体育教学内容的选择对不同学段学生的发展特点和规律都要充分考虑到，其个体差异与不同需求将会在其中起到很大的作用，所以充分考虑能够确保每一位学生受益。进行体育教学内容选择时，还要符合各个方面的实际来确保选择时有足够的空间和灵活性。

2. 科学性原则

进行教学内容选择时，健身性和兴趣性的确非常重要，但不能否定科学性在体育教学内容选择当中的重要性。体育教学内容选择中的科学性有以下3层含义。

(1)教学内容的选择必须有利于学生身心的协调共同发展。要注意，一些内容虽然有利于学生身体健康，但对于学生的心理健康并不合适。因此，教学内容的选择必须做到使学生在开心的体育活动中同时积极促进身体的发展。(2)教学内容同时也要使得学生能够从根本上对科学锻炼的原理和方法有一个深入的了解，这种了解可以增加学生从事体育锻炼时的自觉性和积极性。（3）教学内容本身的科学性。在今后，国家对体育教学内容的选择限制放开，不做具体的规定，因此必须注意防止一些科学性不够强的体育项目作为教学内容进入课堂。

3. 实效性原则

在未来，体育课程将会成为一门以身体活动为主要手段来对学生健康进行增强的课程。可以从另一个层面理解，那就是所有对学生健康有利的教学内容都是教学内容选择的良好范围，这种形式同时也可以在以后使得体育教学内容的涵盖更加丰富。

简而言之，实效性就是判断某项体育教学素材是否实用、是否简便易行、是否有助于学生的身心健康。国家相关文件在教学内容的改革方面特别强调要对教学内容当中的"难、繁、偏、旧"及教学过程过度的偏重书本知识的现状予以改变，在教学内容当中，加强学生生活和现代社会与科技发展当中的联系，对于学生学习的兴趣加大关注，教学内容中的知识和技能要有利于学生终身体育的进行。所以，在进行体育教学内容的选择时一定要兼顾选择与学生自身的体育学习兴趣和经验相接近及大众喜欢的、社会上比较普及的，同时强调运动项目的健身娱乐效果，奠定学生终身体育的发展基础。

4. 趣味性原则

兴趣是帮助一个人学习最好的老师，因此在进行体育教学内容的选择时，应根据学生的各方面特征尽量选择他们感兴趣的、有趣味的并在社会上比较流行的体育素材作为教学内容。毫无疑问大多数竞技运动项目的健身价值和教育价值是不可低估的，但是，长期以来体育教育工作者往往更加关注竞技运动项目教学的系统性和完整性，用培养运动员的方法进行体育教学，但是却背道而驰，导致很多学生开始厌恶体育课。

5. 民族性与世界性相结合的原则

体育课程内容的选择要在保留我国民族传统体育当中精华部分的同时，对国外好的课程内容有选择地加以借鉴吸收。不能对自己民族的东西盲目自信，但同时更不能有崇洋媚外的思想。体育教学内容的选择就应该与时俱进，体现当今时代中国的特色。

（三）体育教学内容选择的步骤

1. 用教育的观点审视现有的体育素材

社会制约因素是选择体育教学内容时需要首先关注的因素，在关注社会制约因素时需要从社会的生产、生活及科技教育等方面的实际发展情况出发，充分考虑当今社会发展对人们提出的要求与影响，特别是要考虑社会发展在人类健康方面提出的要求与影响。换言之，就是从教育怎样更好地满足社会发展需要，进而推动受教育者获全面协调的教育和发展，同时将此作为基点分析和评价现有的体育素材，即分析和评价现有的体育教学内容能否对受教育者强健体魄、增强体质、强化思想品德教育、养成良好思想品质产生积极影响，剔除不符合教育要求及有害学生身心发展的素材。

2. 根据体育教学的目标对体育运动项目进行整合

由于体育教学内容是实现体育教育课程目标的方式，因此选择体育教学内容的前提必须是体育教学目标。不同的体育项目和身体练习方式对人们的生理和心理方面有着不同程度的影响，然而因为各种体育项目和身体练习方式的性质各不相同。因此，在人们身体和心理等方面，不同的体育项目和身体练习方式均会表现出其主要的作用和影响。选择体育教学内容时，应当始终遵循体育教学目标，对于不同体育项目和身体练习方式进行的主要作用和影响进行分析，进而有效整合不同体育运动项目和身体练习方式，并将其作为形成体育教学内容的基本素材。

3. 对各种体育运动项目进行典型性分析

体育运动项目和身体练习不仅具备多功能性和多指向性的特征，即有相似功能的体育运动项目与身体练习方式的手段很多，同时体育运动项目和身体练习手段还带有显著的可替代性。有大量的体育项目和身体练习能够作为体育教学内容的素材，但是体育教学的学习时间极为有限，无法把大量体育项目和身体练习都纳入到体育教学内容中。因此，必须与社会需求和社会条件有机结合，充分地了解和考虑不同阶段的学生的身心发展特点和兴趣爱好，进而在大量体育项目和身体练习手段中选择出若干相对典型和较为常见的体育运动项目与身体练习作为体育教学内容。

4. 根据不同水平的体育教学目标选择运动项目

年级不同，学生表现出的身心特点也各不相同，不同年级的体育教学目标也存在着一定的差异。因此，在为不同年级的学生选择体育教学内容时，需要依照不同学段学生的身心发展特点来选择和其相对应的体育教学目标，从而科学有效地选择出适于不同学段的体育教学内容。

5. 可行性分析

因为地域和气候条件对体育教学内容的影响较大，因此并非任何地区都适宜同一体育教育教学内容的实施；同时，体育运动的开展需要一定的场地、器材作为保障，因此并非所有学校都适宜同一课程内容的实施。故而在对体育教学内容进行选择时，必须对场地、器材的可能性进行充分地考虑。在选择相同的课程内容时，必须给不同地区、不同学校在选择和实施体育教学内容方面留下充分的余地，从而对不同地区、不同学校执行的弹性起到保证作用。

第二节　体育教学方法的科学探究

一、体育教学常见方法分析

(一)语言教学法

语言教学法即在教学活动中，教师通过对学生进行语言指导，从而达到相应的教学效果的方法。作为一名教师，能够正确、简明、形象地使用语言，对学生的学习和教学工作任务的完成具有重要意义。

1. 讲解法

讲解法即教师将相应的动作要领、方法和规则要求等方面的知识向学生进行说明，其目的在于更好地指导学生进行相应的运动技能的学习和掌握。讲解法是较为常用的教学方法，在运用时应注重以下问题。

(1)要明确讲解的目的，根据教学的目标、教学内容和学生特点进行讲解。在讲解过程中，应对自身的语速、语气进行调节，并且抓住教学内容的重点和难点，具有一定的目的性和针对性，这样才能使学生明白哪些是重点和应该着重理解的方面。(2)在进行讲解时，应注重其内容的正确性，不管是具体的工作原理还是相关的基本知识，都应做到准确无误。另外，还应注重讲解的方式要与学生的学习情况和学习能力相适应，使学生能够很好地接受相应的知识。(3)为了更好地使学生理解相应的技术动作，讲解要做到生动形象、简明扼要。具体而言，在讲解过程中，应注重将新的技术动作和知识内容与学生已经了解和熟悉的内容联系起来，使学生更好地理解相应的动作技术。另外，教学时间有限，学生的注意力集中程度也会随学习时间的延长而有所下降，因此应抓住重点，简明扼要地进行讲解。(4)在内容讲解过程中，一些知识体系和动作技术不能将其孤立起来，要注重启发学生的发散性思维和创造性思维，使学生能够触类旁通、举一反三，更好地理解相关的知识，达到学以致用的目的。(5)在进行讲解时，还应注重讲解的时机和效果。在讲解相应的内容时，首先应选择合适的站立位置，确保每个学生都能够听到所讲的内容。另外，给学生进行讲解时，应充分地调动其好奇心和积极性，如此才能取得更好的效果。

2. 口头汇报法

口头汇报法是教师了解教学效果的重要方法之一。这种方法要求学生根据教学需要，向教师表述学习心得和有关教学内容、方式和疑难问题等相关方面的问题。通过学生的口头汇报，能够使教师明确自身在教学过程中的不足，为教师提高和发展自身的教学水平提供相应的依据。对于学生而言，通过这种方式不仅能够培养其语言表达能力，还能够促进其积极地思考，加深其对于教学内容的理解。因此，在教学过程中安排相应的口头汇报不仅有助于教师和学生素质的提高，对于教学质量的提升也有重要的促进作用。

3. 口头评价法

口头评价法也是一种重要的语言方法，对学生的动作完成情况及课堂表现给予相应的口头评价，能够更好地促进学生的学习。口头评价分为两种，一种为积极的评价；另一种则是消极的评价。积极的评价即对学生的正面鼓励，这能够在一定程度上激发学生的积极性，促进教学活动的更好开展；消极评价则是否定性的评价，这种评价往往指出学生的不足，明确其提高的方法和努力的方向，用这种方式时应注重语气和口气。

4. 口令、指示法

在体育教学过程中，需要借助多种口令和指示，如"立正""跑""转体"等。这些语言简短有力，能够很好地指导学生进行相应的技术动作的学练。需要注意的是，运用这些口令和指示时，应注意把握其时机和节奏，否则会造成学生动作的不协调和出错。此外，还应注重发音的洪亮有力，不仅要使学生能够清楚地听到，还应给予学生以势在必行之感。

(二)直观教学法

直观教学法是体育教学中较为常用的一种方法。通过相应的直观方式作用于人体的感觉器官，引起相应的感知，从而实现体育教学目的。

1. 动作示范法

动作示范法指的是教师采取一些示范动作使学生对技术动作的形象、结构和要领进行掌握的基本方法。一般在进行动作示范时，教师可亲自进行示范，也可指定相应的学生进行动作示范。在采用动作示范法时，应注重以下问题。

（1）在进行动作示范时，应具有一定的目的性。如果是为了使学生了解动作的基本形象，示范动作可稍快；如果动作示范是为了使学生了解相应的动作结构，并引导学生进行学习，则动作应稍慢，可略夸张；如果是示范相应的重点和难点动作，可多示范几次。（2）示范动作一定要注重正确性，避免对学生造成误导。在进行相应的讲解时，不仅要注重内容的正确性，还要体现出教学内容的特点，并和学生的学习能力相适应，提高学生的学习兴趣。（3）进行动作示范时，应使全体学生都能够看到。因此，可让学生呈圆圈形站立，或是错位站立。（4）在进行动作示范时，一般会配合相应的讲解方法，使学生能够更好地理解。可采用先示范后讲解、边示范边讲解和先讲解后示范等方式。

2. 条件诱导法

条件诱导法也是较为常用的一种教学方法。以某种条件为诱因，并与相应的动作建立联系，从而达到教学目的。比如，通过音乐伴奏和喊节拍的方式，形成一定的动作节奏感；通过简单的语言提示使学生的动作能够流畅进行等。另外，也可设置相应的视觉标志，指示学生进行相应的动作方向和运动轨迹、幅度等方面的操作。

3. 多媒体技术法

多媒体技术主要包括电影、幻灯、录像等。在运用电影和电视、录像时，应注意播放内容要与体育教学目标相适应，并结合电影和电视、录像讲解示范练习。多媒体技术虽然在教学过程中得到了普遍的运用，但在体育教学过程中应用并不广泛。这与体育教学在户外授课、器材运用不方便具有很大关系。

4. 直观教具与模型演示法

在体育教学过程中，对于一些高难度的动作可采用图表、照片和模型等直观方法进行辅助教学。通过运用这些教学工具能够使学生更加易于理解相应的技术结构和动作形象。另外，对于一些战术配合，也常采用模型演示的方式进行讲解。

（三）完整与分解教学法

1. 完整教学法

完整教学法指的是从动作开始到结束，完整地进行教学和练习的方法。一般在技术动作的难度不是很高，或技术动作不可进行分解时，会采用完整教学法。另外，在首次进行动作示范时，也会采用完整教学法来进行动作技术形象的示范。完整教学法优点：动作协调优美、结构简单、方向路线变化较小，各环节之间具有密切的联系。其缺点：对一些复杂的动作，采用这种教学方法会给教学带来一定的困难。

2. 分解教学法

分解教学法是将完整的动作划分为几个部分，逐步地使学生掌握完整的动作技术。这种方法适用于难度相对较高且动作可分解的运动项目。采用这种教学方法，能够将复杂的动作分解为简单的动作，从而使技术难度降低，更加有利于学生的学习和掌握。但是，这种方法也有缺点，它注重对于局部动作的分解把握，可能在一定程度上使得学生对于整体的理解不全面。所以，分解教学法和完整教学法通常结合使用。

（四）预防教学法与纠错教学法

为了防止和纠正学生在练习过程中出现和可能出现的错误动作，教师在教学过程中经常采用预防与纠错法。

1. 语言表述法

为了使学生建立起正确的动作概念，应注重动作细节与要点描述的准确性，使学生能够明确理解各技术动作的标准和结构顺序。通过这种方式，能够使学生建立正确的动作意识。

2. 诱导练习法

为使学生的动作准确无误，可采用诱导性的教学方法，使学生达到相应的教学要求。例如，学生在做肩肘倒立时，不能将腰腹部挺直，可采用在垫子上方悬一吊球，让学生用脚尖触球的方法，这样学生就可以挺直腰腹部了。

3. 限制练习法

在进行相应的动作练习时，设置一定的限制条件，有助于错误动作的纠正。例如，在进行篮球投篮练习时，为了使学生的投篮动作更加协调、标准，可练习罚球线左右的投篮练习，使学生掌握正确的投篮方式。

4. 自我暗示法

自我暗示法是一种重要的方法。学生在进行相应的动作练习时，为了保证动作的准确性，在练习中有意识地暗示自己达到要求的方法。例如，在进行篮球的投篮练习时，学生可暗示自己投篮时手指、手腕的动作要标准，使自身的投篮动作准确无误；在奔跑练习中要暗示自己注意后腿充分蹬地等。

（五）游戏教学法与竞赛教学法

1. 游戏教学法

游戏教学法也是体育教学过程中较为常用的一种方法，是指教师组织学生通过做游戏的方式来完成相应的教学任务。通过开展相应的游戏，使学生之间开展竞争和合作，提升学生的思考和判断能力，促进教学质量的提升。游戏法具有一定的趣味性，能提高学生参与的积极性，培养学生的学习兴趣，因此在体育教学中被广泛地运用。

2. 竞赛教学法

竞赛教学法是指在教学过程中，为了检验教学效果和提高学生的技术水平，组织学生进行比赛的方法。竞赛教学法将所学的技术动作应用于实践，能使学生更好地掌握相应的技术动作。采用这种方法具有一定的竞争性和对抗性，学生需要承受较大的运动负荷。通过开展竞赛，能够培养学生的应变能力，对于其心理素质和意志品质等方面的发展也能起到一定的促进作用。

二、体育教学方法的选择

（一）选用教学方法的艺术

在体育教学实践过程中，有多种制约教学活动的因素，在不同的教学目标、内容、对象及教学条件下，教学方法也发挥着不同的效果，在一定程度上决定了教学方法的多样性。因此，在教学过程中应注重教学方法的科学性、艺术性和综合性的结合，形成良好的教学方法模式，并要灵活变通。实践表明，教学方法都有其优点和缺点，适用于所用教学条件下的教学方法并不存在。所以，在选择教学方法时，应注重科学性、艺术性和综合性的结合。

在选择教学方法时，并不是随意选择的，必须具有一定的科学依据。在教学过程中，应以教学规律为根据来选用合适的教学方法。教学方法与教学目标、教学内容、教学对象等均具有一定的联系，应分析和掌握这些因素之间的内在本质联系，从而确定科学教学方法。

在选择教学方法时，还应注重选择的艺术性。教学方法不仅要具有一定的科学性，还要保证在具体的教学实践过程中采用的教学方法具有灵活性、艺术性和创造性，避免机械、僵化地运用。在实践过程中，应当根据具体的条件和教学需要，选择相应的教学方法，必要时还要对相应的教学方法进行加工和创造。

1. 参考体育教学目标

体育教学目标的主要特征之一是多层次性。身体发展目标、技能发展目标、知识发展目标、社会发展目标和情感发展目标等是体育教学目标的不同层次。为了实现不同的教学目标，应采用不同的教学方法。在体育教学中教学目标并不是孤立的，它是多种目标的综合，而每一单元、每一堂课目标的侧重点是不同的。所以，在教学过程中，应根据具体的课堂教学目标选择重点发展某一方面的教学方法。课时教学目标是体育教学总目标的具体化，这一目标具有很强的指导性。它既有相应的运动技能和运动理论方面的知识，也有心理和品质品格方面的内容，针对这些不同的教学目标，应选择与之相匹配的教学方法。

2. 参考体育教材内容

体育教学的内容与教学方法之间具有密切的关系。如对一些技术动作教学内容应采用主观的示范操作方法，而对一些原理和知识结构方面的内容则应注重运用语言法进行讲解。不同性质的体育教学内容，应采取相应的教学方法。每一种教学方法为实现一定的目标而运用在某一教材内容时，其效果也会表现出一定的差异性。因此，在体育教学过程中应注重教学方法的灵活性。

3. 参考体育教学环境

教学环境对教学方法的选择具有重要的影响。教学环境包括场地器材、班级人数、课时数等，同时，外界的社会文化环境也对教学环境具有重要的影响。教学环境必然会对教学方法产生制约作用。如一些直观教学方法需要借助一定的教学器材才能实现相应的教学目标，而学校体育教学资源的具体情况在一定程度上对教师采取的教学方法具有决定作用。教师在体育教学过程中应充分利用现有的教学环境，选择合理的教学方法，最大限度地利用现有的场地、器材等。

4. 参考学生的实际情况

在教学过程中，教学方法的实施对象是学生，采用多种教学方法的最终目的是促进学生更好地学习。因此，在选择相应的体育教学方法时，应与学生特点及其实际情况相符合。学生的实际情况表现多方面的内容，包括学生的年龄特点、性别特征、身心发育状况及相应的知识储备和学习能力等。

学生处于不同的年龄阶段，则其身心发展过程也具有阶段性特点。对于大学生而言，低年级的学生和高年级的学生其身心发展特点会表现出鲜明的差异性。另外，男女性别上的差异性也会导致其对于体育的态度有所不同。因此，应采取合适的方法，充分调动学生体育学习的积极性。

5. 参考教师的自身条件

体育教师是各种教学方法的实施者，其自身的素质对于教学活动的效果具有重要的影响。体育教学如果能力和素质有限，则其将不能发挥相应的教学方法的作用，从而对教学活动产生消极影响。因此，教师在选择相应的教学活动时，应对自身的专业素养、能力水平及教法特点有客观的理解。

一般而言，体育教师所熟练掌握的教学方法越多，则其越能够根据自身及学生的实际情况选择最佳的教学方法。不同教师根据学生实际情况采取同样的教学方法，也会得到不同的教学效果，可见教师自身条件极大地影响着体育教学活动。所以，教师要提高认识自身素质与教学风格的意识，并且通过积极的学习增强自身素质，尝试和掌握更多的教学方法。

（二）选择体育教学方法需要注意的事项

1. 注意师生之间的协调配合

在体育教学过程中，教师和学生的默契配合是取得良好教学效果的重要保证。教学活动不存在没有"教"的"学"，也不存在没有"学"的"教"。所以，不管是何种教学方法，都应考虑到"如何教"和"如何学"这两方面的问题。

在传统体育教学过程中，片面强调以教师为中心，教学方法也只是注重教师"如何教"的问题，而对于学生在教学过程中的作用则选择性地忽略了。例如，教师在动作示范时，只考虑动作的优美和协调性，而没有考虑学生的感受，从而使得学生的学习效果不佳，影响教学活动的开展。

2. 注意学生内部与外部活动的配合

学生的学习过程是内部活动和外部活动的综合体现，因此，在选择相应的教学方法时应注重两者之间的配合。内部活动，即学生的心理活动及相应的生理生化反应等；外部活动则是其动作质量、情绪、注意力等。

在选择相应的体育教学方法时，应注重这两者之间的配合。教师应善于分析学生的内外活动变化，有机结合指导学生外部活动的方法和激发学生内部活动的教学方法，以促进学生积极、主动地参与到体育学习中。

在选择体育教学方法时，还应对多种教学方法进行对比分析，从而确定最佳的教学方法。在教学过程中，应明确不同的教学方法适应什么样的教学内容，能够解决什么样的教学问题，能够对什么样的教学对象起到更好的作用等。

3. 注意不同学习阶段的前后配合

学生在学习过程中，在不同的学习阶段会表现出不同的特点。体育教学方法的应用应考虑到学生学习知识不同阶段的前后配合。例如，在动作学习过程中，应注重"模仿型"向"创造型"的过渡，并且实现二者的有机结合。

学生的学习过程是由不了解到熟悉的过程。在学习的初始阶段，往往以模仿（模仿教师或他人）学习为主，之后学生就会形成动作定式而完全摆脱模仿，从"模仿型"过渡到了"创造型"。这两个阶段之间具有一定的联系，又相互区别。因此，在运用教学方法时既要防止二者之间的互相代替，又要防止二者之间的割裂。

三、体育教学方法的运用

（一）运用体育教学方法的注意事项

1. 注意体育教学方法效果的影响因素

在对体育教学方法进行合理应用时，为取得良好的教学效果，体育教师要加强与学生之间的协调配合。在体育教学实践活动中，教学方法所产生的效果受体育教师的知识储备、人格魅力及教学技艺等方面的影响。所以，提高教师的素养对教学方法使用的效果将会产生积极影响。

需要强调的是，体育教学是教师与学生之间的双边互动，学生因素对于教学方法运用的效果也具有重要的影响。因此，学生能动性的发挥情况对于教学方法的运用效果具有重要的影响。例如，当学生没有太大的兴趣参与到体育课教学中时，就会在课堂上表现出注意力不集中，即使体育教师使用正确、生动、形象的讲解方法或准确、协调、优美的动作示范，学生依然不会提高参与课堂学习的兴趣与积极性。

2. 注意体育教学方法有关理论的运用

体育教学的理论源于实践，但是又高于实践，是科学总结体育教学实践的结果。因此，体育教学相关的方法既要注重实践方面的问题，也要注重理论方面的探索。如果体育教学的相关理论具有一定的片面性，则其体育教学的方法也会表现出一定的片面性。在体育教学过程中，体育教学方法的理论基础应综合考虑以下几方面。

（1）辩证唯物主义与唯物辩证法的基本观点。（2）系统论原理，深化理解体育教学系统。（3）教育学、心理学等与体育教学有关的学科理论知识。（4）普通教学论和体育教学论，这是体育教学方法直接的理论基础。（5）对当代各学科的先进理论成果进行借鉴和吸收，创造性地应用相应的理论和方法。

总而言之，在体育教学过程中，应用新观念、新理论指导体育教学工作，不断地对体育教学方法进行创新，并且充分发挥各种教学方法的效用。

（二）体育教学方法的优化组合运用

1. 优化组合运用的原则

（1）最优性原则

不同的教学方法其特点、功能和应用范围都会有相应的差异性，各教学方法都有其优缺点。因此，在对教学方法进行组合运用时，会形成不同体系的综合教学方法，每一套教学方法也有其鲜明的特点。教师在进行教学方法的优化组合时，应根据实际情况选择一套最符合的教学方法。教师在教学方法选择时，应从整体入手，将各种教学方法进行有机结合，充分发挥教学方法体系的整体功能。

（2）统一性原则

统一性原则要求教师在选择相应的教学方法时，应注重"教"与"学"的统一，使得两者之间密切结合，相互促进。如只强调其中的一方面，则教学活动并不会取得良好的效果。另外，统一性原则还要求，在教学过程中应将教学方法的多种功能充分地发挥出来，促进学生素质的全面发展。

（3）启发性原则

不管是何种形式的教学方法，其都应该能够更好地调动学生的积极性和自觉性，促进学生进行积极思考与探索和全面提高自身素质。在体育教学活动中，注重学生兴趣和动机的培养，发展其自主思维与学习的意识。

（4）创造性和灵活性原则

在选择体育教学方法时，应注重发挥教师和学生的创造性。应对教学方法进行积极的改进和创新，使其更加适用自身的教学实践活动。只有这样，才能够使得教学方法的功能最大化，从而取得较好的教学效果。教师要对教学方法不断地发展和创新，这样才能与教学水平的发展相适应。

教学活动是一个动作的过程，教师在课前设计的相应教学方法可能在具体的教学实践中面临多方面的问题，这就需要教师灵活应变，根据实际教学情况，对所选的体育教学方法进行灵活性及创造性的运用。

2. 体育教学方法优化组合的程序

（1）将体育教学的任务进一步明确

选择不同的教学方法要以教学任务和教学目标为主要依据。因此，应将一节课的具体教学任务进行分析和细化，制订出详细任务规划。

（2）根据实际情况将总体设想提出来

通过对教学任务、教学内容、学生的具体情况及教学的外部情况等进行分析，对相应的教学方法进行评估和分析。在提出教学的总体设想时，应将教学方法的可行性和适用性充分考虑进来。

（3）对多种体育教学方法加以优化组合

制定教学方法和教学方法的具体方式和细节表，对各种教学方法进行分析，并对其不完善的地方进行相应的补充。在此基础上，将优化组合后的教学方法应用于具体教学实践过程中。

（4）对优化组合的教学方法实施与评价

在体育教学过程中，应对教学方法产生的效果进行跟踪了解，可通过学生反馈的形式了解具体情况。对教学方法的反馈信息进行归纳和分析研究，并且对教学方法做出相应的调整。在以后的教学过程中，要不断地总结经验和教训，促进教学方法的不断优化。

第三节 现代体育教学内容与方法的创新发展

一、现代体育教学内容的创新发展

(一)学校体育教学内容的发展趋势

随着时代的发展，体育教学内容也会呈现出不同的时代特点。在我国体育教学改革的逐渐推进下，体育教学的内容将会呈现出一定的发展趋势。

1. 体育教学内容更加注重学生的全面发展

在传统体育教学中，体育教学内容只注重学生身体素质的发展，带有一定的片面性。在体育教学内容的未来发展过程中，其由只重视身体素质发展逐渐转变为重视学生身体素质、心理素质和社会适应能力的全面发展。在教育思想、方针政策、体育目标、体育功能的影响和制约下，选择体育教学内容的范围也受到了很大的限制，这使得体育课曾一度成为以提高学生身体素质为主要目的的达标课。在素质教育在我国开始实行和推广之下，体育教学内容的选择需要和素质教育的具体要求相符合，以使学生的心理素质、身体素质及社会适应能力都得到全面的发展，从而将学生培养成为全面发展的社会需要的人才。

2. 体育教学内容更加注重学生终身体育意识的形成

终身体育的教学思想是现代体育教学的重要指导思想，而在这种教学思想的影响下，体育教学内容将更加注重学生终身体育的教育目标。终身体育已成为当今世界体育发展的一大趋势，要想实现这一终身体育目标就需要使学生学习和掌握参与终身体育所需的知识、态度和技能。所以，在未来的体育教学发展中，运动文化的娱乐性与传递性、教材的健身性之间的关系将被协调整合起来，一些具有健身价值、终身运动性质的体育运动项目将被作为体育教学的内容。

3. 由规定性向选择性及不同学段逐级分化

以往的体育教学大纲在对体育教学内容进行确定时，总是试图在具有极强综合性的体育学科中来寻找运动项目之间的逻辑关系，并将所选择出的体育教学内容按照一定的逻辑关系使之体系化，但是体育教学内容因缺乏相应的逻辑性而给教材的制定造成了一定的困难。将来的体育教学大纲在对体育教学内容进行选择时，非常重视遵循体育学科自身的内在规律，同时重视将具有娱乐性、健身性、时代性的体育素材及学生喜闻乐见的体育素材纳入体育课程之中，并且不同学段的教学内容和要求也有一定的区别，"选择制教学"将获得进一步的发展。

4. 从教师价值主体逐步转向学生价值主体

社会及学校教育的发展水平、教师与学生的价值观念都会对体育教学内容的选择与确定产生一定的制约。在传统的体育教学大纲中，选择与确定的体育教学内容主要是将体育教师对体育教学内容的价值取向体现出来，围绕教师的"教"来进行体育教学内容的选择。随着现代体育教学改革的不断深入，体育教学内容的选择与确定主要是从学生的实际需要出发，更多地将学生的价值取向体现出来，即教学内容的选择应服务于学生的"学"。

5. 体育教学内容对新体育项目的吸收

体育教学内容也开始逐步吸收一些民族传统体育项目和一些新型的娱乐体育项目。随着现代社会的快速发展及大众体育的蓬勃发展，不断涌现出一些新兴的体育运动项目和娱乐性体育运动项目。体育教学内容应革新以往传统体育教材的"统治"局面，而应注重对一些新兴、时尚的特色运动项目的吸收，将其作为体育的教学内容。此外，未来体育教学内容的开发可以重点考虑我国各民族传统体育项目，这些具有民族特色和健身价值的体育项目是体育教学内容的良好素材。

（二）学校体育课程内容的新体系

1. 身体教育

身体教育是指以健身为目的的体育教育。身体教育的目标是要提高人的各项基本活动能力。在这其中，身体成分、肌肉力量、有氧耐力及柔韧性是重要的与健康相关的运动素质。

2. 保健教育

保健教育是指在学习相关体育知识的过程中确保学生的安全和健康，这其中生理和保健知识也是必不可少的。在体育教学内容中必须重视运动"处方"的理论和实践，从而将保健教育和体育教学结合起来。

3. 娱乐教育

体育教学内容中的娱乐教育可以非常灵活地结合在社会的每个角落。每个人、每个民族的娱乐体育活动都是丰富多彩的，因此促使它成为体育教学内容。是一种有益的选择。

4. 竞技体育

竞技体育主要是以专项运动项目为主要内容的教学内容。由于竞技体育事业的飞速发展，所以学生对竞技体育是相当喜爱的。但在教学过程中，绝对不能照搬对运动员的要求而进行体育教学，在各个方面应针对学生实际来进行适当的处理，从而适应学生的实际情况和需求。

5. 生活教育

生活教育在这里是指防卫训练、拓展练习、冒险教育及健康生活教育。在现今时代，城市化影响着每一个人，包括学生。但是这种生活有时候会显得内容单调，因此很多学生希望亲近大自然。而这种追求，在体育教学内容方面可以有新的选择。

（三）体育教学内容改革的方向与建议

1. 体育教学内容改革的方向

随着我国体育教学改革的逐步深入，一些改革的试点也正如火如荼地开展起教学工作来。需要注意的是，体育教学内容的一些变化，会使体育教学出现一些单调、难度大、锻炼性强、要求教学规范化和场地器材条件高的情况趋势，在体育教学改革中，体育教学内容的改革无疑是最重要的，它是改革中最为直接、最易见效的部分。

体育教学内容的改革既要求体育教学内容的改革和新的开发，也要求恢复一些以往的传统体育教学内容中的精华部分，从而提升学生学习体育的积极性。

2. 体育教学内容改革的建议

针对目前我国体育教学内容改革中存在的一些问题，结合现代体育教学内容改革与发展的方向，特提出以下几条建议。

（1）以学生为本，在选择体育教学内容时应更多地从学生如何学及他们感兴趣的角度出发。（2）改变体育教学内容规定过死的现象，将教学内容弹性相应地扩大，使地方学校和教师对于体育教学内容的选择、设计更具灵活性。（3）逐渐淡化竞技运动的技术体系。（4）教学内容应更加概括，涵盖范围广阔，让学生和教师选择体育教学内容的权限更宽广，给教师和学生留出广阔的空间。（5）适当增加女生喜爱的韵律体操和舞蹈内容。

体育教学内容的改革不是一时一日而成的，是一项长期的任务，在改革的过程中，要真正使体育教学内容成为学生喜欢的、想学的、对学生未来的身体锻炼和业余休闲起到积极影响的真正有价值的东西，这需要国家、学校及体育教师在内的体育教学工作者的不断探索和努力，只有这样，改革出的体育教学内容才与时俱进，符合时代的发展和学生的体育需求。

二、现代体育教学方法的创新发展

（一）体育教学方法的发展历史

体育教学现象出现以后，才有了体育教学方法，然而这并不是说在课堂体育教学出现之后才有了体育教学方法。

1. 体操和兵操时代

在传统社会，军事战争是体育运动发展的推动力之一。在封建社会和资本主义社会的早期，为增加士兵的作战能力，士兵会进行相应的体育训练。这时的体育教学方法主要以训练式和注入式为主，较为单调。这种训练式和注入式的教学方法偏重于大运动量的不断重复，通过苦练来增加人体的运动记忆，并且增强体能。

2. 竞技运动时代

近代以来，随着资本主义社会的不断发展，竞技运动也得到了快速的发展，竞技运动项目逐渐增多。竞技运动以公平、平等等思想为指导，并且融入了众多的文化因素，充满生机和活力。竞技运动要求运动员具有高超的运动技能，而一味地苦练并不能适应竞技体育发展的需要，体育教学方法的改进成为必然的趋势。这一阶段，教学效率明显提高，出现了一些新的教学方法，有演示法、观察法及小团体教学法等。

3. 体育教育时代

现代体育得到了很大的发展，并且成为学校教育的重要组成部分。体育成为一种文化现象，其内容也得到了极大的拓展，涉及健康教育、心理训练、安全教育、体育咨询、体育培训等，体育的知识和技能快速发展。

人们针对体育教学的内容、方法的研究也逐渐深化。体育教学的方法不但要使学生掌握相应的体育知识和技能，还要促进学生的全面发展，使其身体素质、心理健康、运动欣赏能力等都得到相应的发展。随着技术的发展，一些新的体育教学方法也随之出现。计算机、录像、电影等多媒体技术的发展，使得运动表象和感知等方法得到了快速的深化发展，体育教学的方法更加科学、规范，并且向着更高层次发展。

需要注意的是，新的体育教学方法的出现并不意味着传统体育教学方法的消失。在不同的时代条件下，会出现与这一阶段的生产力和科学文化发展相适应的体育教学方法。这些新的体育教学方法与传统体育教学方法相结合，相互借鉴，共同促进了体育教学的发展。体育教学方法是一个不断发展的过程，随着教学环境、教学对象和教学内容的发展，呈现出不同的阶段性特点。

（二）现代体育教学方法的发展特征

1. 体育教学理论的发展促进了教学方法的改善

体育教学理论的发展有利于体育教学方法的创新与进步。在新的体育教学理论的指导下，体育教学方法逐步实现了发展和创新。传统的体育教学过程中，对体育运动技能的分析有所欠缺，并且同一运动项目的教学方法相对较为固定，甚至在不同的运动项目中都采用统一的教学方法。所以，在种类繁多的运动项目面前，体育教学方法是"以不变应万变"。然而随着有关专家研究球类运动项目的不断深入，"领会式教学法"因适合球类运动而应运而生。

2. 学生个性发展促进了体育教学方法的改进

时代环境不同，学生就会表现出不同的特点，并且学生的个性特点具有很多的变动性。因此，为了更好地促进体育教学目标的实现与体育教学效果的提高，应根据学生的具体情况，采用不同的体育教学方法。

社会文化价值观念对学生的个性发展也具有显著的影响。体育教学的方法也应随着学生各方面的变化而进行适当的调整。

3. 体育教学内容的变革促进了教学方法的变革

为了适应时代的发展，满足学生的体育需求，体育教学的内容处于不断地发展和变革之中，这也导致了体育教学方法的变革。例如，随着定向运动和野外生存运动引入到体育教学之中，使得体育教学活动的野外组织和教学方法得到了更加广泛的开发。

4. 科技进步促进了体育教学方法的创新

科学技术发展迅速，在不断丰富和方便人们日常生活的同时，在其他领域也发挥着重要的作用。在体育教学中，科学技术的进步对其教学方法的影响是极其深远的。随着计算机技术的快速发展，其在体育教学中迅速得到普及，这使体育教学中的动作示范更加标准、科学，资料的搜集、整合更加便捷，并且学生在学习空间和时间方面的限制减弱，实现了实时的信息沟通。通过运用计算机进行动作示范，能够从不同的侧面，以不同的速度，对不同部位的动作进行细致的分析和研究，使得传统的讲解示范等方法更加科学、高效。

（三）学校体育教学方法的发展趋势

现代学校体育教学经过多年的发展，已发展成为一个较为成熟的学科。教学方法经过多年的发展，已发展成为具有自身特色的教法体系。随着经济社会的不断发展，其呈现出如下发展趋势。

1. 现代化趋势

教学方法的现代化过程中，体育教学的现代化十分明显。体育教学的重要表现之一是教学设备的现代化，通过采用先进的技术手段，使得教师能够更容易开展教学活动，学生能够更好地学习。通过先进的现代化设备，教师能够对学生的身体素质有更加深刻的了解，并能够为其更好地制定运动训练的负荷量。在教学管理方面，能够对学生的学习和生活提供更加便捷的服务。随着现代社会的发展，体育教学的各项技术逐渐发展，其教学方法也必然呈现出现代化的发展趋势。

2. 心理学化趋势

心理学认为，学习是一项复杂的心理过程。在体育教学过程中，学生学习是一项既要涉及相应知识的记忆，同时还有动作技术的记忆。随着心理学研究的发展，学习过程的各个方面被人们所认识，并在具体教学实践过程中心理学的相关理论逐渐受到重视。在体育教学方法的发展过程中，很多心理学的研究成果将会进一步得到应用，这对于体育教学效果的提高具有重要的意义。另外，体育教学还肩负着培养和发展学生良好意志品质、促进学生心理健康等方面的重要作用，通过运用相应的心理学方面的方法，能够更好地达成这方面的目的。

3. 个性化与民主化趋势

体育教学方法的个性化和民主化是其发展的主要趋势之一。在传统的教学过程中，教师是教学的主体，在教学过程中具有很强的统一性，教师的教学活动忽视了学生个体之间的差异性。随着教学活动的开展，社会越来越注重学生个性的发展，体育教学方法的发展也必然呈现个性化发展趋势。个性化的教学方法改革和创新对学生和社会的发展均具有重要的意义。

体育教学的民主化也是大势所趋。随着教学过程中民主意识的崛起，民主化的体育教学方法也逐渐得到快速发展。

（四）体育教学方法创新

在创新教学理念的影响下，一些其他教学类别的教学方式也逐渐被移植入体育教学之中，如自主学习法、合作学习法及发现式教学法等。

1. 自主学习法

为了实现相应的教学目标，在教师的引导下，学生依据自身的需要和条件制定相应的目标，选择相应的教学内容，并且通过独立地分析、探索、实践、质疑、创造等方法来进行学习的方法就是自主学习法。自主学习能够充分发挥学生的主观能动性。

在体育教学中，自主学习法指的是"为了实现体育教学目标，学生在体育教师的指导下，依据自身的需要和条件制定目标、选择内容等学习步骤，完成学习目标的一种体育学习模式。"自主学习法有独立性、能动性和创造性等特点，有利于激发学生学习体育的积极性，培养学生的体育自主学习能力，确立了学生在体育学习中的主体地位，提高体育教学的学习效果。

2. 合作学习法

合作学习法是指"在教学过程中，对学生进行相应的分组，学生为了完成共同的学习任务而有明确的责任分工的互助性学习形式。各小组成员根据自身的特点承担相应的责任，各成员之间是相互依赖的关系，在相互协作中，完成相应的任务。在体育教学中，应用该方法应遵循以下步骤。

（1）在教师的引导下，学生结成相应的小组。（2）全体成员在教师的指导下，根据教学内容确定相应的教学目标。（3）确定各学习小组的研究课题，并对各小组成员进行明确分工。（4）小组成员合作学习，围绕相应的主体完成自身的任务，从而实现小组任务目标。（5）各小组进行一定的学习和交流，分享相应的成果，并且纠正自身的不足。（6）对学习的过程进行评价，总结经验和得失，促进下次学习更好地开展。

3. 发现式教学法

发现式教学法是通过积极引导学生发挥自己的创造性思维，使学生在发现的过程中进行学习的一种教学方法。有学者将其定义为：从学生的好奇、好动等心理特点出发，以发展学生的创造性思维为目标，以解决问题为中心，以机构化的教材为内容，使学生通过再发现进行学习的方法。

在体育教学过程中，运用发现式教学方法要遵循以下步骤。首先，提出相应的问题，或是设立相应的学习情境，使得学生面临相应的问题和困难，在教师的引导下去进行相应的探索；其次，通过进行相应的练习，初步掌握技术动作的原理和方法；再次，通过分组讨论，提出相应的假设，并进行相应的实践验证，并对提出的问题进行讨论；最后，得到共同的结论。

采用发现式教学法时，应注意以下问题。

（1）教师要善于提出问题和创设相应的情境，要充分调动学生的积极性，激发学生学习的兴趣。（2）教师提出的问题应适应学生的能力水平，使学生能够根据已有的知识和经验，并通过一定的探索得到相应的答案。（3）要注重抓住教学的重点，引导学生对于重点问题进行积极的思考，并找出解决问题的方法，启迪学生的创造性思维。（4）采用此方法时，应注重由浅入深、由抽象到具体，使得学习过程符合人们的认知规律。

第四章 现代体育教学教育功能实现与应用创新

第一节 体育教学中的教育功能体现及实现路径

一、体育教学中的教育功能体现

（一）体育教学过程的教育性

古往今来，所有的教学过程都遵循一个重要规律，就是"教学过程永远具有教育性"。体育教学的教育性一直以来都是存在的，并且随着体育教学的发展而不断完善。体育教学的教育性表现并不是单一的：一方面，体育教学中包含的各项活动在组织的过程中都会被赋予相应的任务，并且依据这些任务将组织的原则、规则要求制定出来，然后要求学生以此为依据，去学习会用到的技术动作，并能够做到熟练掌握。在这一过程中，学生要做好充分的准备，克服重重困难，以期保证教学活动组织的顺利完成。这些因素综合在一起，就构成了体育环境。这样的环境，会直接影响到学生的学习、锻炼或参加比赛等。同时，体育教学环境中包含的因素不是只有这些，还包括教师在教学过程中使用到的教材、传授知识和技能所采用的各种教学方法、教学活动开展用到的教学环境、保证教学活动顺利完成用到的教学条件及学校传统和班级风气等。这些因素都能使教学过程显得更加有吸引力，学生在参与体育教学过程中也会因此而受到潜移默化的熏陶、感染和教育；此外，还能够使学生将良好的思想品德和个性品质迁移到学习、生活和工作等各个方面，起到积极的促进作用，从而达到理想的体育效果。另一方面，在体育教学中，学生往往能够将自己的思想感情和作风自然而然地表现出来。这种良好的表现形式，能够有利于教育者对学生思想特点的充分掌握，从而更好地做好相应的针对性教育，保证教育效果的理想化。在体育教学中，思想品德教育所包含的内容是极其丰富的，几乎所有具有积极影响的思想、意识、精神等的培养，都可以纳入思想品德教育的范畴中。

从体育自身来说，改造人自身的功能是其所具有的自然功能，这可以从两方面得以体现：一个是形态结构与生理机能的统一，一个是身与心的统一。体育教学对学生的关注不仅仅是对学生身体健康的促进，还有心理方面的发展，这两者都是非常重要的，不可缺少任何一个。这就要求体育教学要善于营造不同于智育教学、活泼教学的气氛，为学生的心理健康发展提供良好的环境。与此同时，还要在体育活动上下功夫，通过丰富和充实体育活动的内容，或者不断创新教学组织形式，来达到提升对学生吸引力的目的，使学生积极参与到体育教学活动中，这对提升其身体和心理健康的改善是非常有益的。同时，也要关注情绪的积极体验，关注个性的独立解放，让人际关系宽松和谐，使学生在轻松明快的环境中、在欢快愉悦的心境下自由自在、无忧无虑、不知不觉地获得身心的健康发展。

（二）教育性的体育教学诠释

一般来说，关于教育性体育教学的概念界定采用的方式往往是应然的或具有一定规范性的，因为这样能够寻求一个正确的或最佳的纲领性定义。

对教育性体育教学的认知能够从体育教学的很多方面得到体现，其中表现最为显著的有两个层面：一个是体育教学的目的层面，一个是体育教学的过程层面。

1. 从体育教学的目的层面理解教育性体育教学

从体育教学的目的层面上对教育性体育教学的理解为，让学生对体育和健康知识有全面了解，并掌握能促进其健康的技术、技能，最终达到增强学生体质的目的。但这并不是体育教学的所有目的，而只是其中的一个方面。除此外，对学生终身体育的意识、习惯和能力的培养也是教育性体育教学的重要目的。对学生体育目标的实现，学校体育目标的完成是借助于体育教学这一基本途径而实现的，关于学校体育的主要目标问题，表现出普遍意义上的内容也有很多，如增强学生体质、增进学生健康等。

从某种程度上来说，培养学生形成终身体育的意识、习惯和能力，本身的根本目的就是实现"健康第一"，这二者之间的关系非常紧密、相辅相成及不可分割。

2. 从体育教学的过程层面理解教育性体育教学

对教育性体育教学过程层面上认知要求的理解，通常为对体育基本知识、技术与技能的掌握。从本质上来说，体育课程的属性是学生在教学过程中不断学习体育运动方面的知识和技术技能。这就体现出了体育教学对于学生掌握体育知识技能的功能。

从这个层面来说，体育教学实际上就是一种教师与学生之间的双边活动，即教师将运动技术传授给学生，而学生则充分学习这些内容。在这种教与学不断进行的过程中，学生逐渐做好了体育运动知识和技能的储备，这就为今后长远的增强体育、促进健康及培养并树立终身体育的意识、习惯和能力都奠定了坚实的基础，这一点是不可忽视的。

二、体育教学中创新教育功能的实现路径

体育教学，实际上就是"教育性教学"的形式之一，通过分析，可以将其内涵归纳为任何教学过程都必须具有教育性。换言之，教学既要传授知识技能，又要实施品德教育和人格培养。对体育教学的创新教育功能要顺利实现，则需要借助以下路径来进行。

（一）有效整合体育教学中的人文教育和知识教育

当前，我国学生体质逐年下降已成为普遍存在的问题，学校要针对这一问题提出切实有效的解决措施。在这样的情况下，凸显增强体质这一目标没有错，这与我国国情和学生身体现状也是相符的。但是，这样做也反映出了一个重要问题，即教育是使人社会

化的一种活动。之所以要实行教育，是为对人的社会化起到促进作用，而体质问题的解决并不是表面的问题，是需要经过深入的剖析和研究才能实现的。要解决当前学校体育的种种问题，文化本位思想的回归是一种必然的选择。

1. 体育教学中的人文教育

从文化学角度来讲，体育本身就是社会大文化的一部分，其包括的文化因素有很多，语言和符号、规则和制度、知识和技术、行为和价值、体育观念和体育精神等都属于这一范畴。

从育人的角度来看，体育教育与人文教育两者是互为一体的。一方面，不管是人文精神，还是体育精神，都非常依赖于人的能动性和创造性，两者都有内在的同一性。体育精神求真、求实，人文精神求善、求美；将两者结合起来，实际上就是真、善、美的统一。另一方面，体育与人文都非常重视思维方式与能力。一个是强调形象思维，另一个是强调逻辑思维。

2. 体育教学中的知识教育

知识是体育教学进行最基本的内容，传授知识给学生也是体育教学的一个重要目的，因此，知识教育的重要性不言而喻。为使教学对学生进行充分的知识训练和品格培养的功能得到很好的实现，设立内容广泛的课程成为必然。体育美学是某种意义上的"教育性教学"中能够提高学生理性思考能力的一个主要内容。

综上所述，将体育教学中的人文教育与知识教育有效地整合起来，所产生的教育功能是非常理想的，能有效促进体育教学的进一步发展和完善。

（二）将体育教学中隐性因素的潜移默化作用充分发挥出来

体育教学中，教师对学生的"教"，并不单单指课堂上的言传，还有其他一些隐性因素也在发挥着潜移默化的教育功能，主要有以下两个方面。

1. "身"教

学生在学习过程中，会用到眼睛、耳朵、大脑，在将所得到的信息整合之后，就会形成一定的动作和行为。学生的学习潜能往往蕴藏在无意识的内隐心理活动过程之中。自发的创造活动，即灵感的产生豁然开朗的境界正是源于大量的无意识活动，源于头脑中存储的长期经验和经历。

对于体育教师来说，要从自身出发来对学生进行教学，首先要求其具备"教"的素质和能力。首先要具备对美的理解和欣赏的能力，要善于将体育教材、练习项目中蕴含的丰富的审美因素充分挖掘出来，并将这些美的因素应用于体育教学中。这样，在教师创造美的教学语言、教学行为、教学环境的同时，也能让学生从中体验到自然美、时代美、艺术美、心灵美、运动美。

2. "风"教

这里所说的"风"，即学风、教风、校风，是师生共同享有的价值观念、道德规范、行为准则、校园舆论。体育方面的"风气"称为校园体育文化，是体育教学过程中能够产生潜移默化作用的重要隐性因素，其以自己独特的育人方式在学校人才培养过程中发挥重要作用。

体育教学要将培养学生的兴趣和参与体育的积极性作为关注的重点，让学生将体育运动作为他们生活中的一部分,通过多种形式,对于学生各个方面的健康发展产生潜移默化的影响。同时,也将这一作用作为体育教学理想教学效果取得的重要途径之一。

(三)有效落实体育教学中"教""管"结合的育人思想

1. 体育教学中"教"的育人思想

在体育教学中,教与学两者是相辅相成、不可或缺的两个方面,其中,处于基础地位的是教、处于根本地位的是学。

教学,要求"教"和"学"这两个方面必须是双向互动的,"教"是"学"的前提,"学"是"教"的实践落实,"学"要由"教"来引导,"教"得由"学"来实现。因此,这就要求教师将之前对"教法"的高度重视逐渐转移到对"学法"的重视轨道上来,在肯定学生的主体地位的同时,要对这一观点进行有效实施。

在体育教学过程中,要将教与学的基本功能最优化地发挥出来,既要把学生的主体性作为实施体育教学的基本点,又要使"体育教师为主导"成为实现"学生为主体"的根本保障。

总体来说,只有正确认识教师的主导性,才能更好地发挥学生的主体性,因此,需要对教师的教和管进行重点强调,这一点是毋庸置疑的。

2. 体育教学中"管"的育人思想

体育教学本身就具有重要意义,一方面,是明确规则,严格纪律,教导学生有所为,有所不为;另一方面,是明确何时为、何时不为,使得体育教学高效有序的完成得到保证,使学生在有限的课堂时间里尽情地释放自我,收获尽可能多的知识和力量,从而达到"高峰体验"。

第二节　体育教学中的创新教育理念

一、创新教育理念的内涵与构成分析

(一)创新教育理念的内涵

我们可以从两方面对创新教育加以理解,一方面,其是培养高素质创造性人才的必经之路;另一方面,其是深化教育改革所采用的具体措施。

创新教育理念所强调的重点是教育理念方面的创新性,这种创新性在素质、人格、人才培养方面都有所体现,同时,这几个方面也是创新教育实施的出发点。从另一个角度来说,创新教育是对于教育本质特征和基本规律的理性认识与判断,通过进一步的创新,来使自身的教育理念得到进一步的突破,这也将其显著特性体现了出来,表现为根本性、简洁性、指导性、时代性及系统性等。

创新教育所涉及的范围是非常广泛的,较为典型的如教育的目标问题、方法的改革和内容的调整,而且要系统地对教育进行改革。

（二）创新教育理念的核心构成

创新教育作为教育理念的一个方面，其将对人的创新素质的培养作为关注的实质重点，所涉及内容有三个维度，即创新意识与创新精神、创新思维与创新人格、创新能力与实践能力。这三个方面都是创新教育不可或缺的，各自处于不同的地位，发挥的作用也各不相同。比如，培养创新意识和锻炼创新能力处于核心地位，其所发挥的功能也是最为主要的；培养创新意识则处于基础地位，起到重要的基石性作用，是其他两个方面的地基；而锻炼创新能力则处于提高地位，其对创新教育的可持续发展有重要意义。

1. 创新意识的培养

要培养创新意识，首先要了解什么是创新意识。创新意识，就是创新活动的内部心理倾向，好奇心、求知欲、怀疑感、创新需求、思维的独立性等是其主要的表现形式，其作为重要的前提条件来促进创新心理素质形成。创新意识的培养和创新敏感度、创造创新张力的培养具有密切的联系。

2. 创新能力的锻炼

创新能力，实际上就是在创新活动中所达到的能力水平，创造性的观察能力、思维能力和实践能力是其主要表现形式。所涉及的方面主要有知识储备量、知识结构、悟性思维、逻辑思维、好奇心、求知欲、动机、意识、意志、注意力、观察力、分析力等。学习压力、抑郁、适应能力是创新能力的几个主要影响因素。创新能力的形成，首先要具备的一个前提条件就是要有创新意识，创新意识能够对创新能力起到支配和强化作用，反过来，创新能力又会不断强化创新意识，使创新意识更加强烈。

综上所述，对学生创新意识、创新能力的培养，不仅限于教学活动中的各方面内容，其最终的发展是可持续性的，没有终点。这就要求在体育教学中必须与时俱进，时刻留意，从每节课做起，师生共同参与、共同探究。

二、创新教育理念对体育教学的要求

在体育教学中运用创新教育理念，需要体育教学满足一定的条件，即体育教学要达到创新教育理念实施的相关要求，具体体现在体育教师和学生两个方面。

（一）创新教育理念对体育教师及教法的要求

创新教育理念对体育教师及其教学方面提出的要求主要有以下两个方面。

1. 对于创新的教育理念持坚信的态度

（1）坚信每个学生都有创新潜能的态度

尽管学生在主客观方面的条件和水平都不相同，但每个学生都有通过学习来成长的能力，他们也都有成为某方面的创造性人才的可能性，后进生和优等生两者的差别也只是暂时的，随着教育的推进，学生的能力都会得到进一步的提高，因此，这就要求教师将如何培养、挖掘的问题作为关注的重点。

（2）对学生的创新素质有层次和类型的差别持坚信的态度

对于所有的学生来说，没有哪一种模式是能被教师拿来统一运用的，而是应该针对不同情况，遵循因材施教的原则，针对学生个体的不同情况给予弹性要求；要充分了解学生的兴趣和不同态度，并对其足够尊重，通过积极的引导，使学生将创新思维建立起来，通过积极的鼓励政策，来使学生将更多"稀奇古怪"的想法和"随心所欲"的动作表现出来；鼓励学生进行自主学习、对于教师的教法进行质疑。

（3）坚信教育对学生的创新素质起决定作用的态度

学生的创新素质并不是其自打出生就带来的，而是经过后天不断的培养与引导才逐渐形成的，这一点已经过多年的研究成果得到证明，毋庸置疑。

（4）坚信学生是创新教育主体的态度

对于体育教学来说，教师首先要从自身出发，做好创新性的工作，掌握创新性的相关知识与培养技能，这样才能更好地对学生进行良好的创新教育。具体可以采取针对自主学习、主动学习的积极的鼓励政策，从而将学生的潜力和能动性充分发挥出来，采用启发式引导、诱导学生积极思考，并使其不断地去发现问题和解决问题，学会大胆质疑，并积极反思。

2. 所实施的教学方法要具有创新性

教学方法是体育教学顺利实施和最终取得理想教学效果的重要手段，其也是不断发展创新的。创新性的教学方法是从某一个阶段相对而言的，目前的创新教学方法相较于之前的传统教学方法来说，既有相同的普遍特性，又有其自身的特殊性。这就要求体育教师要坚持系统的观点，以时代发展的需要为依据，以教育创新为理论基础，发展旨在培养学生创新素质的创新教育。

（1）发现教学法

在体育教学过程中，教师要将其主导作用充分发挥出来，积极指导学生学习。这时候，教师可以将一些事实和思路提供给学生，通过启发，使他们能够自主地进行积极思考，并且能独立进行探索；通过积极的鼓励，使他们自己去发现并掌握原理和规律。在体育教学中运用发现教学法之前，一定要做好选择和运用方面的工作，提供有效的资料和条件，提问、指导和耐心等待。

（2）问题教学法

问题教学法，就是针对体育教学中存在的问题或者未来可能会出现的问题来进行教学的方法。在运用这一教学法时，教师要针对学生在实践、学习中遇到的困难或提出的困难，帮助他们进行各种分析，与学生一起探寻解决的办法，并进行实验，寻求解决问题的最佳方法。

（3）开放式教学法

开放式教学法，就是在教学中不拘泥于传统的教学模式，可以天马行空，肆意发挥自己的想象力，着眼不同结论的选择判断，将现有知识的动态性和能力结构的稳定性作为关注的重点。

（4）讨论教学法

在体育教学中运用讨论教学法时要将学生分成小组，通过对小组内部和小组之间的讨论来达到交流的目的。实施讨论教学法所采用的分组形式可以根据实际情况随意来定，最好6～8人一组，教师充当主持人、关键时候的引导人，每人都有发言机会，也可以提出对他人不同意见的看法。组内成员相互启发，学习过程受每个学生行为的影响，是讨论教学法最独特之处。这种教学方法用于那些较大的教学目标较为适合。

（二）创新教育理念对学生及学习方式的要求

创新教育理念对学生及其学习方法方面的要求主要有以下两个方面。

1. 树立正确的创新价值观

第一，要从客观上来认识创新，不要被思维限制了对创新的理解。其实，创新包含的内容是非常丰富的，如新技术动作的练习方式、新的解决问题的方法等都属于创新的范畴。

第二，人们对创新的理解通常认为只有伟大的人能进行创新，普通人与创新没有关系。这就将面对创新时的自卑感体现了出来，这种观点是错误的，要消除掉，因为人人都能创新。

第三，善于发现身边创新的典型事例，并且以此为突破口，来对自己的创新意识进行有效激发。学会分析具有创新能力的学生的思维和行动，善于模仿并使其转化为创新的行为。

2. 掌握适合的学习方法，改变传统的学习方式

对于学生来说，学习并不仅仅是对知识的学习，更重要的是对方法的学习，学会如何学习及如何运用合适的方法进行学习，其意义要远大于对知识的学习与掌握，这也是未来孩子学习的重点。在创新教育过程中，教师所扮演的角色不仅仅是一个"传授者"，更重要的是"引导者""启发者"，学生也从之前单一的"接收者"而逐渐变成了"辨别者""筛选者""思考者"。学生在创新教育过程中，要将精力集中在掌握学习方法、学习方式上，同时也不能对教师的传授内容和方法无条件地接受，要学会对此发出质疑之声。另外，学生还要对学习过程中自身所出现的一些不足和缺点加以总结，在这一过程中，积极思考和探究，在与教师交流方面发挥出自身的主动性，与同伴进行积极有效的交流，并分享自己的"新想法""新发明"。

在学习方式上，也要不断创新并加以强化，针对遇到的问题，多请教老师，开启智慧的大门，实施积极的思考和行动，并允许自己"犯错误"或者"走弯路"，进行创新思维、求异思维，做一个提高学习能力、掌握学习方法、具有创造意识的创新型学生。

三、创新教育理念下的体育教学方法创新

受创新教育理念的影响，体育教学过程中所用到的教学方法也要有所创新，具体要满足相应的一些要求。除此之外，还要对一些常用的创新体育教学方法加以了解。

（一）体育教学方法创新的有效措施

在创新体育教学方法方面，可以采取的有效措施主要有以下几个方面。

1. 以整体的教学要素为着眼点，对体育教学方法进行合理的编排

教师对学生学习的引导并不是凭空就能实现的，而是须借助一系列的教学方法才能完成。由此可见，方法是教学活动的一个必备要素，教师在课内和课外所使用的各种教学方法、教学艺术、教学手段和各种教学组织形式都属于教学方法的范畴。

体育教学方法往往会因为课程内容的不同而有所差别，通过学生达到教学目的或教学效果。方法是教师和学生两者之间的重要沟通媒介。

学生能够有效反映出对教学效果的评价，也就是说，只有针对学生使用相应的教学

方法，才能产生相应的教学效果。连接方法两端的主体还是教师和学生。教学效果的好坏受到很多因素的影响，除教师方面的原因，学生自身的原因也至关重，如学生的内化、吸收、创新等。

教学方法的编排能够将教师和学生很好地连接起来，同样的，教学方法的选择和运用也受到这两个方面因素的影响。具体来说，教师自身在教学方面表现出的素质，各方面的教育与教学专项水平，在教学上所表现出的艺术性，还有非常重要的教学创新意识等，都会或多或少影响到体育教学方法的编排；除此之外，学生的很多方面也会对此产生影响，如学生先天的身体素质及后天不断地努力锻炼所取得的成效，在训练过程中能够承受的范围和未来上升空间，在学习和掌握运动技能方面所探索出的相关规律等。所以，这就要求教师不仅要大力提升自身的综合素养和能力，还要抽出一定的精力，来帮助学生全面提升其整体素质和水平，只有两者都进步，并且通力合作，才能达到"教学相长"的目的，才能对包含教学方法的创新在内的整体体育教学创新产生积极的影响，最终的体育教学效果也会得到进一步的优化和改善。

2. 着手于实际情况，对体育教学方法进行一定的扩展、改进

由于体育教学包含的教学内容多种多样且种类繁多，这就要求针对不同的教学内容采取相应的教学方法。另外，在选择和运用体育教学方法时，还要对场地的充裕程度、器材的配备、实施体育课的条件等因素加以考量。

由于学校所处的区域、经济水平等存在着较大差异，这就导致体育教学的需求并不是所有的学校都能够满足。如条件无法满足需求，就需要进一步扩展和改进体育教学方法，尽可能想办法使其与体育教学的适应程度提高。要注意，体育教学方法的扩展和改进只是手段，主要是为了更好地满足体育课的需要，切实提高学生的健康体质，培养学生的创新意识和锻炼创新能力。

对体育教学方法进行扩展，实际上就是对教学方法的功能和应用范围进行进一步的扩展，通过对体育教学的组织形式等进行分析，能够将这一方面体现出来。以教学分组为例，以前都是按人数进行分组，但经过改革之后，越来越多的体育教师对教学组织多种多样的形式有了进一步的了解和认识，教学方法的扩展便产生了。

对体育教学方法的改进，实际上就是在原有方法运用的基础上，将其中的一些不合理之处摘出来，而加入一些新的东西，使其变成一种新型的教学方法。改进法其实在教学实践中经常用，如对组织形式的加工、对教学手段或工具的改良等。

3. 以教学效果为出发点，对体育教学方法进行优选、组合

一些教学活动的实施都是为了取得理想的教学效果，因此，在选择和运用体育教学方法时，也要遵循这一原则进行。以教学效果为出发点，合理选择、优化组合体育教学方法，利用系统论的理念将"教"与"学"看成"动态系统"，将目标方法及效果融于教学环境之中。为达到这一目的，需要满足的条件是多方面的，如体育教学方法在实施过程中要对相关的因素加以考量，不能将其独立出来；还要强调学习的内在过程，创造好的教学环境等，以此来将学生的主观能动性充分调动起来。体育教学方法并不是必须要单独使用的，通常可将两种或者几种教学方法综合起来加以运用，这样几种教学方法所产生的"合力"效果和功效都是成倍增加的。尤其是在教学方法设计时更要全盘考虑，拓宽视野，把握全局，真正做到教学方法"一体化"的效果。

对体育教学方法进行优化组合，对于既定的体育教学目标的实现有积极的推动作用，各个方法的功效叠加起来所发挥的功效比整体功效要大得多。体育教学的组合，本身就是一种创新的形式，即将不同的教学方法根据教学需要组合到一起来运用，如把讲解法和示范法结合起来，边讲解边示范，还可以加上用讲解法进行启发；把分解法和完整法进行混合使用等。

4. 以学生未来发展作为考量的对象，要对体育教学方法进行统整、筛选

学生是体育教学的主体，因此，学生未来发展是体育教学实施需要首要考虑的重要因素。体育这一学科本身就存在着一定的特殊性，再加上运动项目繁多，会在很大程度上影响到学生，这种影响体现在学生的躯体和心理的健康方面及人生观、价值观的形成方面。体育教学方法有着多种多样的形式，单单从其对学生未来发展的促进角度上来说要对体育教学方法进行统整、筛选，尤其对一些多种手段组合的教学法更要筛选和统整。

从某种意义上来说，教学方法是实现目标的途径，就算针对的目标是单一的。但是，要实现这一目标，可以采用的方法和途径却是千差万别、多种多样的，而要想采用效率最高、效果最好的方法，就需要对这些众多的途径进行筛选。

（二）常用的几种创新体育教学法

在体育教学过程中，常用到的创新体育教学法主要有以下几种。

1. "成功"教学法

"成功"教学法，就是体育教师将要教授的知识及技术工作进一步精简，形成精华部分，同时，在对学生的要求上有所降低，通过这种方式来将学生以顽强的意志坚持把动作做好的精神有效激发出来，并且遵循因材施教的原则，让学生在完成动作的同时体验"成功"的乐趣和快乐，使其在学习中有很强的自尊心、自信心。

在体育教学过程中，都会或多或少地存在一些学生对体育不感兴趣，再加上其自身在动作的完成度上表现得不如别的同学，这就会导致他们从内心就排斥或不情愿参与；反之，有了坚持的意志和积极参与的态度，对技术动作的认识和探索就会自然而然的加强。

在体育教学过程中运用这一教学法，就要求体育教师为学生创造"成功"的机会，使其体验成功的快乐，促使其追求成功的愿望，最终使学生主动积极地自学自练的目的得以实现。但要强调的一点是，该法切忌使用过度，因为处处都是成功不但起不到激发学生练习的信心，而且还会让学生"飘飘然"。

2. "娱乐"教学法

体育教学活动的开展对学生体质会起到积极的提升作用，这是毋庸置疑的。但实际上，仍然存在着很多学生对体育或者体育课总是兴趣不高或者根本没有兴趣的情况，更别说积极主动地去练习了。导致这一情况发生的主要原因，学生觉得体育课太枯燥乏味、没意思，根本提不起兴趣。他们心中的体育课应该是丰富多彩的、娱乐身心的一种方式，而不是在文化课本来就很紧张的情况下再去上什么"没意思"的体育课。可见，"娱乐"的元素在体育教学中是非常重要的。具有"娱乐"元素的体育教学法，能够将学生对体育课的兴趣和爱好激发出来，从教学方法上激发学生参与练习的积极性，使"被动体育"逐渐转变为"主动体育"。

对于体育教师来说，"娱乐"教学法的设计和编排离不开他们的参与和努力。具体来说，需要他们捕捉技术动作的"娱乐"成分和因素，同时还要将各种工具和手段充分利用起来，以此来将学生参与的主动性尽可能地调动起来。但要注意，娱乐并不是体育教学的全部，它只是体育教学特性中的一个方面，这就要求当在体育教学过程中应用这一教学法时要注意避免只注重娱乐，而忽视了体质锻炼和技能学习，切忌本末倒置的现象发生。

3. "口诀"教学法

这种教学方法，就是通过朗朗上口的口诀，将要学习的技术要领归纳总结出精华，便于学生记忆和理解。这一方法在很多体育运动教学中是常见的，尤其是在田径、球类、传统体育等类型的体育教学内容中有着广泛应用，并且效果显著。

4. 移植教学法

移植教学法，实际上就是将其他领域中的原理、思想、经验和方法等，根据体育教学的实际情况，有甄别和筛选地应用于体育教学方法中，使体育教学方法在吸取了新的元素后能变成一种新的体育教学方法。

体育作为一门学科本身具有一定的特殊性，大量的教学方法都是从其他学科中借鉴而来的，练习方法则是从训练学领域引申而来的，这些学科内的教学方法在合适的教学步骤、练习阶段内都可以移植过来，丰富开展体育课教学。体育教师在将移植教学法运用于体育教学中时，要视野开阔、酌情使用，做到"举一反三""异中求同"。从某种意义上来说，体育教师只有具备了丰富的知识面、创新的思维方式、教学经验的总结与反思这些必要条件，才能对移植教学法加以应用，为了求新而进行胡编乱造、瞎胡乱用的现象要严厉杜绝。

5. 难度增减教学法

顾名思义，就是加大或减小难度的教学法。具体来说，是指在不改变运动技术动作的结构和性质的基础上，对教学内容的难度进行增减调整的一种教学方法。体育教学过程中经常会使用这种教学法。一般都是先易后难，而在一些训练课上，往往是增加难度的做法。难度增减法在体育教学过程中有着非常重要的作用，一方面，其对于教学进度的顺利进行有所帮助；另一方面，还能起到有效消除学生的恐惧感、增加信心、提高抗干扰能力的重要作用。在现实体育教学中，难度增减法无时无刻都在使用，要达到理想的运用效果，需要体育教师做到适时适量、找准时机、把握次数、调控难度，如此便较容易产生事半功倍的效果。

6. 逆向思维教学法

逆向思维，简言之，就是和我们平时所习惯的思维方式相反，也可以理解为倒推法。通常，人们的思维方式已经形成了正向思维的习惯，这在体育教学中也是如此，但是对于体育教学中的一些技术动作来说，这种思维方式所悟得的效果并不显著，而按照反向程序进行反而会取得更好的效果。如掷标枪、跳远等，这些教学程序的反顺序也需要教学方法的反向进行。

7. 情景教学法

就是通过特定情景的设置来进行教学。具体来说，就是指在学习动作前，先用语言或场景把学生带入一定情景，让学生设身处地强化练习的一种方法。情景教学法的实施需要借助的手段主要有：用生活展现情景，以实物演示情景，以录像、画片再现情景，以音乐、语言渲染情景，以展示、表演、示范体会情景等。在体育教学过程中创设情景，需要体育教师做好充分的准备工作，以此来启发、激励学生身临其境的练习需要更高教学艺术。这种方法的主要作用是将学生练习的积极性激发出来，同时，也使教师创设情景、组织教学方法的能力得到有效提升。情景教学法对于年纪较小的学生所起到的作用更加显著，能够激起孩子的无限遐想，使其感受到自己就是"主人公"，练习起来自然卖力。

第三节 素质教育在体育教学中的功能体现

一、素质教育的基本理论

（一）素质教育的含义

素质教育的含义有广义和狭义之分。从广义上看，所有的教育都是素质教育，原因在于，不管是什么形式的教育，其都能起到提高受教育者某些方面素质的作用。我们平时所说的素质教育，通常指的是狭义上的素质教育，就是针对"应试教育"中"重知识、重分数、轻能力"的弊端而提出的一种教育理念和教育模式。它是一种重潜能开发、心理品质培养和社会文化素养训练相结合的整体性教育，与全面素质教育是等同的关系，寻求一种更科学的教育途径从而实现人的素质全面发展是其主要目的所在。

从素质教育的含义来看，素质教育包括的内容主要有三个方面：首先，素质教育是以提高整个民族素质为根本宗旨的教育；其次，素质教育以面向全体学生，培养学生创新精神和创新能力为重点；最后，素质教育注重学生德、智、体、美等全面、充分、和谐发展和健康成长。

（二）素质教育的目标

素质教育的目标，有宏观和微观之分，微观目标也就是基本目标。

1. 素质教育的宏观目标

素质教育的宏观目标，主要包括两个方面，即期望目标和终极目标。

（1）素质教育的期望目标

把学生培养成现代社会所需要的人是其重要的着眼点。这一期望目标的中心是学生，具体来说，就是以"人本"为中心。把学生培养成一个"现代人"。"人"的现代化，内涵丰富，然而最根本的是提高人的素质。人的素质形成与很多因素都有关系，如主要的先天遗传、环境影响、教育训练和自身努力等方面，而教育训练是关键因素，是主要矛盾，是矛盾的主要方面。因此，教育训练对人的素质形成起到的作用是非常重要的。

（2）素质教育的终极目标

教学生"学会学习"是素质教育的核心所在。教育要以教会学生学习为中心，要让学生"学会生存，学会关心，学会学习，学会创造"，从而与现代社会发展的需要相适应。

2. 素质教育的基本目标

通常来说,对素质教育的基本素质划分,以分为六个方面较为妥当,即思想政治素质、道德素质、科学文化素质、身心素质、审美素质及创新素质。因此,在确定素质教育的基本目标时,要以此为依据来进行。

(1)思想政治素质教育目标

第一,"建设社会主义核心价值体系",把社会主义核心价值体系融入思想政治素质教育的全过程,转化为各级各类学校学生的自觉追求。

第二,培养学生具备较高的政治素质,使形成社会主义的政治立场、观点,坚持马克思主义指导思想,树立共产主义理想、信念,确立中国特色社会主义共同理想,弘扬以爱国主义为核心的民族精神和以改革创新为核心的时代精神。

第三,树立社会主义荣辱观,热爱祖国和中国共产党;培养学生具有较高的思想素质,初步形成辩证唯物主义和历史唯物主义的思想观点,掌握正确的思想方法,初步确立正确的世界观、人生观、价值观。

(2)道德素质教育目标

第一,培养学生具有社会主义的道德情操和遵守道德行为规范,遵守公民基本道德规范,遵守社会公德、职业道德、家庭美德。

第二,具有民族自尊心、自信心、自豪感,养成艰苦奋斗、勤俭节约的美德。

第三,具有较强的社会责任感和义务感,养成忠诚老实、谦虚谨慎的好品德。

(3)科学文化素质教育目标

第一,通过向学生传播各种科学文化知识,使学生形成良好的知识结构,并在此基础上发展他们的认识兴趣和能力,传授和训练学生的基本技能,使之掌握社会生产和生活及自身发展必须具备的技能素质。

第二,培养学生良好的学习习惯,使之掌握正确的学习方法。

(4)身心素质教育目标

生理素质教育目标:

第一,通过教育,使学生掌握有关人体的生理解剖知识。

第二,懂得生理卫生保健知识和健身的基本知识、技能。

第三,养成良好的锻炼身体的习惯和卫生习惯。

第四,促进学生生理器官机能水平的提高,增强体质与提高抵抗疾病的能力。

心理素质教育目标:

第一,开发人的潜能,使人获得正常的智力。

第二,培养愉快的情绪,使人乐观向上、积极进取,对生活充满信心,并具有一定的情绪调控能力。

第三,形成坚强的意志,使人能主动、自觉地迎接挑战,具有果断、坚韧、勇敢的品质。

第四,养成协调的行为习惯,使个体心理行为符合环境需要和自己的身份,与社会环境和他人关系保持和谐。

第五,形成良好的个性心理品质,做到自知、自尊、自信、自立、自律、自强。

(5)审美素质教育目标

第一,向学生传授有关自然美、艺术美和社会美的基本知识。

第二，培养学生正确的审美观、健康的审美情趣。

第三，训练学生具有初步的感受美、欣赏美及表现美的能力。

（6）创新素质教育目标

通过向学生进行创新素质教育，使学生在全面发展的基础上，因势利导，因材施教，将各自的个性特长充分发挥出来，树立创新意识，确立创新心理品质，提高创新能力，形成创新知识结构。

（三）素质教育的特征

素质教育的特征实际是素质教育本身所具备的特性。对素质教育特征的分析，对于进一步明确素质教育概念，确定对学生实施素质教育的途径，选择实施素质教育的有效方法等都是非常有利的。素质教育的基本特征可大致归纳为以下6个方面。

1. 主体性特征

素质教育的主体性，实际上就是尊重和发展学生的主体意识和主动精神，培养和形成学生的健全个性的强调。在很长的一段时间内，我们的教师已经形成了"我讲你听"的习惯，而忽视了学生主体作用的发挥。素质教育作为一种新的教育形式，注重人的主体性的充分发挥，以学生为主体，强调教育要尊重和发展学生的主体意识和主动精神，使他们积极地接受教育。这样，外部因素就会转化为学生主体的内部因素，并将教师的主导作用充分表现了出来。

根据素质教育的主体性特征，实施素质教育时一定要首先树立一个这样的观点：学生是素质的承担者、体现者，离开学生主体性来谈素质教育，抹杀学生的主体性来实施素质教育，这样的行为都是不被允许的。这就要求我们在体育教学中实施素质教育时要尊重学生的主体地位，发挥学生的主体作用，调动学生主体的积极性，让学生在主动学习中得到发展。

2. 全面性特征

提高国民素质是素质教育的根本宗旨，促进每个人的发展与体质增强是主要目的所在。素质教育的全面性集中体现在两个方面：一方面，是发展所有学生的素质，对每名学生负责，为每名学生的素质发展创造必要的和基本的条件；另一方面，是发展每名学生各个方面的素质，所涉及的内容主要有德、智、体、美等方面，身体、心理、技能、知识、品德、情操等都是人发展目标的组成部分，只有各方面素质都得到全面发展的人，才算是完整的人。最后需要强调的是，素质教育强调的全面发展和平均发展或同步发展之间并不是等同的关系。

充分了解并认识素质教育全面性特征的社会意义是非常显著的。如此一来，对于提高我国人民的文化素养，推进国家经济建设和民主建设及在贯彻社会主义的"机会均等"原则的基础上，为每名学生的持续发展提供最公平的前提条件，都是有显著作用的。除此之外，这对于我们理解全面发展与因材施教的辩证统一关系也是非常有利的。

3. 基础性特征

基础性的教育不是直接出人才而是为未来人才的成长奠定基础的教育。如同素质教育的主体性一样，素质教育的基础性也是素质教育各种特性中尤为重要的特性。为了深入了解素质教育的基础性特征，可以从两个方面入手来对其进行剖析：一方面，学生的素质是做人的基础，学生上学校读书的主要目的就是学习做人，包括做什么样的人和怎样做人。21世纪的教育对学生有着较高的要求，具体表现为有知识、有本领、会做事，更要学会做人。但是，就是学生学习的这一"基本功"，长期以来，一直为我国教育界所忽视，在这样的境况下，素质教育的落脚点就要落实到如何教会学生做人这一基础性的工作上来。另一方面，个人的素质是整个民族素质的基础，只有每个人的素质都提升了，整个民族素质才会有所提升。素质是人的一种基础的、基本的品质，基础教育则是提高民族素质的奠基工程。因此，必须保证素质教育的广泛开展，让每个人都成为素质教育针对的对象和受益者，使他们的素质都得到普遍的培养和提升，以此为基础提高全民族素质水平。

4. 差异性特征

对于素质教育来说，不仅要承认其全面性，还要承认其差异性，这两者是相辅相成的，具有相对性关系。这主要是由受教育者之间的个体差异性所决定的。这种差异性在受教育者先天的遗传、自我身心发展与智能发展的后天条件等方面都有所体现，因而其逐渐形成的自我意识水平与兴趣爱好、个性特长存在差别。每个人的发展方向、发展速度乃至于最终能达到的发展水平都是不同的。需强调的是，对个体差异性特征的强调，并不是否定个体的共性；应承认人的差异性，不轻易地以简单划一的标准区分优劣，而是要鼓励人才的多层次发展。

5. 终身性特征

将素质教育从基础教育阶段扩大到各级各类教育，这就赋予素质教育以终身的性质。对此，可以进行纵横立体性的剖析。纵向来说，素质教育能够将教育的连续性和一贯性特征体现出来。强调学生的经验和学校学习的结合，学校中和学校后实践活动的结合，强调各级教育在组织和内容上的一体化。从横向来看，素质教育能够将家庭、学校、社会的一体化体现出来，同时也将教育与生产、生活的密切结合体现了出来。

6. 创新性特征

学生是未来社会发展的中坚力量，因此，以学生为主体的素质教育，要求学生的教育过程中必须具有强烈的开拓创新精神，这种开拓创新精神不是靠死记硬背的教学方式培养出来的，而是靠灵活多样的创新性教育活动培养出来的。

二、实施素质教育的意义

由于受到根深蒂固的传统文化负面因素的影响及一系列现实原因的存在，我国目前的教育观念、教育内容和教育模式等相较于我国经济和社会发展的需要及人的全面发展的需要都是存在着一定的滞后性的。鉴于此，就需要全面实施素质教育，通过新的教育形式来改善我国人多才少、国民素质偏低的客观现实。

（一）素质教育是提高民族整体素质和民族创新能力的必然要求

对于一个民族、一个国家来说，民族素质是反映人民基本品质的重要衡量标准，一般可以将民族素质分为思想和文化两个方面，即思想道德素质和科学文化素质。民族创新能力则是民族素质的集中体现。

教育事业的广泛开展，对人的全面发展更具有不可磨灭的重要意义，这些方面在教育事业中也可以进行进一步的细分，即德育、智育、体育、美育，坚持文化知识学习和思想品德修养的统一、理论学习和社会实践的统一、全面发展和个性发展的统一，对人的全面发展起到促进作用。

（二）素质教育是建立我国"人才高地"的必然要求

我国人力资源总量虽然很大，但人才资源所占比例却极小，这与发达国家相比，差距是非常大的。相较于发达国家，我国发展的滞后主要体现在高、精、尖科技水平上，特别是那些关系国民经济命脉和国家安全的关键技术，技术的落后也形成了对相关人才发展的制约，而从根本上深究，原因主要在于我国一流创新能力的人才较为欠缺。

创新人才的培养，需要借助教育这一重要方法和途径。然而，我国之前的传统教育方式，对于学生的创新意识和能力的培养是忽视的，这就拉大了我国在创新方面与其他强国之间的差距，在这样的情境下，素质教育的实施就成为一种必然，能够起到大力培养学生的创新精神和实践能力的效果。

（三）素质教育是提高我国教育国际竞争力的客观需要

国际综合国力的对比标准主要从科技实力或民族创新能力上得以体现，而进一步剖析，可以将实质归纳为人才和国民素质的竞争。科技、人才和国民素质竞争的决定性因素中，处于关键位置的是教育。也就是说，教育水平如何，在很大程度上决定着国民素质的高低和人才水平的高低，也就进一步决定了综合国力的强弱。

尽管教育不能直接提升生产力，但生产力的发展是不能离开教育这一重要支柱的。这就是为什么许多国家为了抢占科技和经济发展的制高点，不遗余力地发展教育事业，努力提高劳动者的科学文化水平，致力于各级各类教育的改革和人才的培养。对于我国来说，教育质量也是重点关注的方面，在我国现阶段，很有必要进行一定的教育创新，全面实施素质教育。

（四）素质教育是促进人的全面发展的客观需要

处于社会发展的环境中，人的发展受到社会发展的影响，同样的，社会的发展也取决于人的发展状况，毕竟，人是社会的主体。由此可见，人的全面发展和社会的发展之间关系密切，两者辩证统一。

三、体育教学中素质教育功能实现的路径

在体育教学中实现素质教育的功能，不仅要遵循"转变教育思想，更新教育观念是先导，体制改革是关键，教学改革是核心"的总思路，还要采取科学合理的实现路径。

（一）转变教育观念和教学意识，优化人才培养体系

1. 转变陈旧过时的教育观念

我国的许多教育观念是非常落后的，这与很多因素有关，这样导致的后果为，很难与知识经济的发展相适应，因此，就必须转变陈旧过时的教育观念，树立全新的教育观念。具体可以从以下几方面着手进行。

（1）转变培养目标

由之前对"专才"的培养，逐渐转变到"注重通才、通专结合"上来。当今社会对复合

型人才的需求已经成为大趋势，培养目标的转变和社会发展需要是相适应的。

（2）转变教育方式

由之前的封闭式办学，逐渐转变为开放式办学。通过这一转变，能使教育的范围得到进一步拓展，不仅仅局限于学校内部，还逐渐走出校门，走向社会，甚至走向国际。

（3）转变教学观

由之前单一的知识传授，逐渐转变为对学生学会学习教学观的重点培养。当前教师在体育教学中的身份已不再是单一的知识传授者了，更重要的是教书育人、为人师表，将授业与传道结合起来，同时进行。

（4）转变学习观

由传统教学中教师为主体逐渐转变为新型的学习观，即教师处于主导地位，学生处于主体地位，将学生独立学习能力、创新能力和实践能力的培养作为关注的重点。

（5）转变人才质量观

这一点是针对学校来说的。就是要求对人才的培养，由之前的知识灌输型教育逐渐向素质教育转变，真正意义上的人才不仅要有良好的知识储备，还要具备良好的素质与专业能力。

（6）转变教育发展观

学校之前单纯追求发展速度、扩大招生规模的规模速度型的做法，已无法适应现代社会教育的需求了，因此，应该将其逐渐转变为规模、质量、结构、效益协调发展，走内涵发展为主的道路，同时，还要将关注的重点放在教育质量和办学效益上。

（7）转变教学方法

教学要从知识教育为主转变为方法教育为主。

（8）转变教育形式

教学应转变为以课堂教学为主的新教育形式，学科课程和活动课程、显性课程与隐性课程相结合，学校与社会相联系。

（9）转变教育评价观

评价体系的重心转变为创新能力。

（10）转变学校管理观

要将僵化、保守的管理手段转变为积极创造健康有序、宽松和谐、开放高效、激励上进、有利于新型人才脱颖而出的管理机制与育人环境。

2. 树立新的教育教学意识

（1）新的质量意识的树立

教学质量是学校的生命线。在学校里，培养人才是根本任务，教学工作是主旋律，提高质量是永恒的主题。新的质量意识应该是注重德才兼备、全面发展的合格人才。

（2）新的效益意识的树立

学校不仅要重视社会效益，还要对办学效益加以重视，从而最大化利用教育资源，进一步提高办学质量。

（3）新的适应意识的树立

主要是指教育要和我国经济建设发展相适应。

（4）新的创新意识的树立

新的创新意识，就是要求人才要有更强的逻辑思维能力和创新能力。

（5）新的综合意识的树立

新的综合意识包含的内容主要有综合培养方案；综合教育内容；综合教育方式；综合教育过程。

3. 构建新的人才培养模式

学校新的人才培养模式的构建，可以归纳为"三个结合"，即知识传授与能力培养相结合、专业培养与全面素质教育相结合、科学精神培养与人文精神培养相结合，由此来使学生得到的培养与锻炼具有全面性特点。

（二）深化教学改革，优化课程体系

在素质教育的实施过程中，处于核心地位的是教学改革。通常情况下，可以将课堂教学的构成要素分为：教学目的与任务、教学内容、教学方法与手段、学生学习活动组织形式和教学效果。运行正常的课堂教学，主要是指这五个要素达到了最佳质量状态并相互形成系统的课堂教学。其中，教学目的和任务起导向作用，教学方法和学生学习活动组织形式是最活跃的要素，教学内容是教学改革的核心部分。而在教学改革中，教学内容和课程体系改革是重点和难点。

对课程进行改革，首先要将三个"着眼点"明确下来，即着眼于提高学生的全面素质，改变课程的单一性；着眼于学生的终身发展，力求课程设置的时代性；着眼于发挥学生的创造能力，重视发展课程的隐形性。要借助相应的一些方式和途径来进一步拓宽学生视野，更新教学内容，在调整课程结构上动真格，具体来说，就是认真优化必修课程，大力开发选修课程，积极加强活动课程。如此一来，就能够使学习教育教学过程中存在的一些问题得到妥善的解决或者改善，从而使教育教学的发展与时代发展变化的需要相适应，不断优化课程体系，更新教学内容，改进教学方法已刻不容缓。具体来说，可以从以下几个方面着手进行。

1. 构建适应素质教育的课程体系

学校应抓住教育部专业目录调整的机遇，采取整体设计、分类指导、分步实施的办法，扎扎实实抓好课程体系改革。对旧的课程体系进行改革，建立一种科学的、充实的而富有鲜明特色的、多样化的、开放的、具有弹性的课程体系势在必行。课程体系改革的重点主要包括调整专业设置；调整课程结构；全面推行以弹性学制、选课制、主辅修制为基本特征的学分制；压缩学时，减少课程学习总量；加强基础课教学。

2. 构建与素质教育相适应的教学内容

从目前我国教育教学改革的现状来看，教学内容的更新是弱项，但是其所起到的作用却是非常大的，能够牵动教学质量的全面提高。在很长的时间内，教育教学中产生了较多的问题，如教材内容陈旧、文化功底薄弱、体系的科学性和发展性欠缺、课堂教学忽视了创新精神和创新能力培养等。这些因素都对教育教学质量及教师业务质量的提高产生了制约作用。因此，在进行教学内容方面的改革时，首先要做到精简教学内容，然后要将最新科研成果补充到教学内容中去。这样，才能取得理想的教育教学改革成效。

3. 对与素质教育不相适应的教学方法和考试方法进行改革

应大力改革旧的、与素质教育不相适应的教学方法和考试方法，从而对素质教育的顺利开展起到促进作用。首先，要对教学方法和教学手段进行改革。改革的方向为，以构建学生学习主体地位为教学宗旨，突出学生参与、学法指导、启发思维，增强了师生感情交融。其次，要对考试制度和学生评价方法进行改革。对学生评价要全面客观，不单纯以学习成绩评价学生，让每名学生都体会到只要努力就能获得成功。

（三）建设一支素质过硬的教师队伍，保证教学质量

教师在教育教学过程中是主导因素，对于教育教学的改革来说，建设一支素质优良、结构合理、治学严谨、精干高效、充满活力、能在未来竞争中处于优势地位的教师队伍，提高广大教师教书育人的积极性，是非常重要的关键一环，这不仅是培养高素质创新型人才的迫切需要，还会对学校能否在21世纪掌握教育主动权的一项战略性工作产生影响。

对于教师来说，其首要责任就是教书育人，教书和育人两者是同等重视的，这就要求教师首先要有责任心，能够对学生的成长负责任。教师相对学生而言是闻道在先。教师在教学过程中要把传授知识同培养思想品德、陶冶情操、养成良好行为习惯结合起来，不仅切实肩负起"授业"的责任，而且要认真负责地担负起"传道"的责任。与此同时，教师还要把握好教育的方向和目标，这是教育的核心，一切教育活动都是直接或间接地为达到一定的目的而展开的。教育是一种价值引导，价值引导体现着社会的意志。我国教育的目标是培养德、智、体、美等全面发展的建设者和接班人，因此，对学生进行理想信念教育和高尚道德风尚教育是教师义不容辞的责任。

教师所背负的责任，就要求其必须具备过硬的素质，铸师魂、养师德、练师能、作师表，成为一名合格的教师。具体来说，应该恪守职业道德；要有广博精深的知识；要善于总结经验，潜心教育研究；要有敬业精神；要善于做学生的思想教育工作。

总的来说，可以将素质教育看作一个复杂的社会系统工程，既要有宏观上的重大决策，又要有中观、微观的具体措施，只有家庭、学校及社会都来关心支持素质教育，才能保证素质教育的顺利实施，并保证取得理想的教育教学成效。

第五章 体育运动健康训练的理论与基础

第一节 体育训练的概念与特征

一、体育运动训练的概念

体育运动训练是指以教练员和运动员为主体，在各方面人员的积极参与下，为全面提高运动员的竞技能力，创造优异运动成绩，争取比赛胜利而专门组织的一种准备性的体育教育过程。从一般意义上来说，"训练"的原意为教导、练习，指为了提高某种机能，掌握某种技能而进行反复练习的过程。而在体育运动训练中，"训练"则指为提高竞技运动能力和运动成绩而专门进行的一种体育实践活动，体育运动训练过程是对人的运动能力的改造和提高的过程。

体育运动训练具有丰富的内涵，具体表现在以下几个方面。

第一，体育运动训练是一个教育过程。教育过程本质上是一个培养人并为人将来进入社会，参与各种社会实践活动做好准备的过程。体育运动训练也是一个培养人的教育过程，而且是专门组织的教育过程。虽然体育运动训练也要培养人和提高人，但体育运动训练又有其自身的特殊性。体育运动训练更加注重运动者运动能力的培养与提高。这种特殊性决定了体育运动训练过程的目的、任务、组织形式、基本内容、构成要素、手段及方法等都有其自身的特点。在运动训练的过程中必须依据运动训练本身固有的特点和科学的训练原则对运动员进行合理训练，力求为祖国培养更多优秀的运动员人才。

第二，体育运动训练需要教练员和运动员的积极参与和配合。尽管运动训练是一种社会组织的行为，但是从人的因素看，运动员和教练员则是最直接的参与和组织实施者，失去其中一方，体育运动训练过程将无法存在。运动员是体育运动训练的主体，教练员则是这一过程的直接组织者、实施者和指导者。体育运动训练的效果是通过运动比赛体现出来的，所以在体育运动训练过程中既要最大限度地发挥运动员的积极主动性，也需要教练员科学合理地指导，只有相互协作、相互配合，才能最大限度地提高体育运动训练的效果，促使运动员运动成绩的提高。

第三，提高运动员的竞技能力和运动成绩是体育运动训练的目的所在。体育运动训练是一种有目的、有意识的活动。体育运动训练是用不断提高运动技术水平，创造和保持优异运动成绩，争取比赛胜利为主要目的的。体育运动训练中必须采用各种手段和方法,充分挖掘、培养、发挥人体机能潜力,创造并保持优异运动成绩。

体育运动训练对于竞技体育和竞技运动有着非常重要的作用和意义,它们之间有着非常紧密的关系,不仅是一种从属性、层次性关系,还表现为以下几方面的内在联系。

第一,体育运动训练安排和要求在很大程度上都是以各个竞技运动项目的特点和竞赛规则的要求为依据的。

第二,体育运动训练的成果在运动竞赛中才能最有效地表现出来,而运动竞赛的特定条件和气氛又为创造高水平运动成绩提供了平时训练中难以具备的良好的应激刺激条件。

第三,只有在正式比赛中表现出来的运动成绩才能得到社会的承认。

第四,竞技体育发展使体育运动训练项目和内容更加多样化,使训练方法和手段更加丰富。

二、体育运动训练的特征

体育运动训练自身有着较为显著的特征,这些特征能够在一定程度上体现出其本质。

(一)训练内容的复杂性和训练方法、手段的多样性

受体育运动训练功能和任务的多样性特点与训练过程复杂性特点的影响,体育运动训练的内容也表现出相应的特征,与此相适应的训练方法与手段也随之增多。所以,体育运动训练中对训练内容、方法和手段的选择就显得尤为重要。体育运动训练的手段和方法相对较多,每种手段和方法对人体都有其特殊的作用。在体育运动训练过程中,不同阶段、不同时期要完成的具体任务是不同的。这种具体任务的多样性决定了训练手段和内容的多样性。"身体练习"是运动训练的基本手段,要提高运动能力就必须进行各种身体练习。

体育运动训练中既要依据不同任务选择最有效的手段和方法,进而提高训练的效果,又要采用多种训练手段和方法来达到同一目的,提高运动员的训练兴趣和积极主动性,从而使运动员能主动、自觉、积极地进行训练。

(二)训练目标的专一性和训练任务的多向性

每名运动员都从事着特定专项的训练,其训练目标就是在特定的专项上夺取比赛的胜利和创造不凡的运动成绩,所以运动训练表现出训练目标上的专一性。另外,随着现代竞技运动的发展,各运动项目的竞争越来越激烈,对运动员各种能力的要求也越来越高。一名运动员不可能同时在不同性质的项目上都达到世界先进水平,即使最有天赋的运动员也只能是某一项目或相近项目的世界冠军。因为每一个运动项目对人体运动能力都有其特殊的要求,正因为如此,必须在全面训练的基础上,根据不同的训练阶段及运动专项的特殊要求,采用各种手段发展专项特殊需要的运动能力,特别是高水平运动员的训练,所以体育运动训练的任务表现出多向性的特点。

(三)训练安排的科学性与计划性

现代体育竞赛日趋激烈,胜负之间差距非常小。要想获得胜利,就必须通过各种科学的训练尽可能地去获得哪怕微小的优势,否则便达不到取胜这一最终目的。体育运动

训练是一个高度科学化的实践活动过程，运动竞赛慢慢会演变成各个国家科技水平的竞赛。体育运动训练的科学化水平越来越高，其科学性主要体现在体育运动训练的计划中，教练员、运动员实施训练以训练计划为依据，没有计划的训练，不过是一种盲目散漫的训练；但有计划而安排不科学，也难以达到理想的训练成效。因此，运动训练安排的科学性和计划性是取得理想训练效果的重要保障。

（四）参与训练的个体性与训练安排的针对性

无论是个人项目还是集体项目，运动员基本上都是以个体为单位参加的，在个体参与的基础上，形成群体间的协调配合。所以，运动员参与训练的个体性和训练安排的针对性就显得尤为重要。

在体育运动训练中，运动水平的提高和优异运动成绩的取得是由多种因素共同决定的。这些因素包括运动员个体的形态、机能运动素质及技（战）术掌握的程度、心理发展的水平、组织管理因素、比赛因素、卫生保健因素等。不同运动员的运动水平与运动成绩会受到不同因素的影响，也就是说，以上因素对不同运动员的影响程度是有差异的。体育运动训练中要充分发挥每一名运动员的优势，并弥补其不足，就必须从每一名运动员的实际状况出发，采用各种科学有效的手段和方法，有针对性地安排训练内容和形式，这样才能使训练刺激更有效地作用于运动员，从而使运动员的各种能力在原有的基础上得到大幅度的提高。体育运动训练过程中应特别重视对运动员的区别对待，这种区别对待反映在训练目标的确立、内容和手段的选择、方法的应用及负荷大小的安排等方面。只有针对性强的训练刺激才能最大限度地挖掘运动员的潜力，提高运动员的训练水平。当然，训练安排的针对性并不否认群体训练中在特定的训练过程和时间统一安排练习形式、内容、方法及训练计划。

（五）体育运动训练过程的长期性和训练安排的系统性

从本质上讲，运动能力提高的过程是运动员的机体对训练刺激产生适应并由量变到质变的过程。只有经过长时间量的积累，才会有质的变化和提高。要培养出优秀的运动员，并创造出优异的运动成绩，必须经过多年的系统训练。虽然各运动项目达到优异运动成绩所需的训练年限不同，但是大多数项目都需要经过多年的系统训练。在训练中，必须对影响训练的多种因素进行长期系统的科学控制，并通过阶段目标的实现促使整体目标的实现。

（六）训练负荷的极限性和负荷安排的应激性

体育运动训练要求运动员要从事艰苦训练，这就对其承受艰苦训练的能力提出了较高的要求。体育运动训练要求最大限度地发挥人体机能的潜力，人体运动能力的提高也意味着人体适应能力的提高。要提高人体适应能力就必须通过各种运动应激刺激（主要是运动负荷）最大限度地作用于运动员的机体，如没有最大限度的运动应激刺激，就不能把运动负荷推到最高应激水平，也不可能最大限度地提高人体对体育运动训练和比赛的适应能力，也不可能将运动水平发挥到最好。只有承受高水平的负荷才能取得高水平的运动成绩，这在体育运动训练中已得到了普遍的认可。专项运动成绩能够反映出运动员对专项负荷强度的承受能力，承受负荷强度的能力越高，运动成绩就越好，反之就越差。简言之，如果体育运动训练中运动员不能承担大负荷乃至极限负荷的训练，就不可能成为一名优秀的运动员。体育运动训练中要依据机能适应规律，循序渐进地加大运动负荷，直至达到运动员的极限。

（七）训练效果的表现性与表现方式的差异性

体育运动训练的效果主要是指运动成绩提升与否。训练的效果及通过训练提高的运动技术水平和成绩的表现形式主要是比赛。一般来说，在正式比赛中表现出来的运动效果才会得到社会的认可。而且要明白，只有在重大比赛中创造出优异的运动成绩才最有意义，才能将竞技运动的社会价值充分发挥出来。在运动训练中，既要着眼于运动员竞技能力的培养与提高，又要加强培养运动员的比赛能力，从而争取把平时通过训练已经具有的运动能力在重大比赛中表现出来。换句话说，就是在体育运动训练的过程中既要着眼于竞技能力的提高，又要根据长期、近期参加比赛的安排进行科学的训练。

运动效果总是通过一定的方式表现出来的，由于各种运动项目的运动方式和比赛方式不同，因而运动成绩的表现方式也各不相同，有用功率指标表现的，有用比分表现的，也有用评分方式表现的，这些表现形式都有十分严格的规则和制约条件。

第二节　体育训练的构成要素与原则

一、体育运动训练的构成要素

体育运动训练主要由训练时间、训练形式、训练强度和训练负荷构成。本部分内容将会对体育运动训练的这些构成要素进行简要分析。

（一）训练时间

体育运动训练的具体内容和形式是安排训练时间的依据。通常情况下，一次体育运动训练应至少保证20分钟一定强度的练习，这样才有助于改善和提高运动员的心肺功能。以肌肉耐力和力量训练为例，训练时间与训练中的重复次数成正比。对于一般训练者来说，在阻力充足的条件下，使肌肉全力以赴地练习8～12次的重复量，可以在发展肌肉耐力的同时，使力量也得到一定程度的训练。当训练者有了进步后，每种抗阻力的训练应重复2～3组，进而促使训练者获得更大的力量。以柔韧素质训练为例，在准备活动中，如在跑步之前，每个伸展动作应保持10～15秒，在整理活动中做伸展练习，伸展动作应保持10～15秒。

（二）训练形式

体育运动训练的训练形式即我们平常所说的练习形式。在运动训练实践中，运动员在选择练习形式时，应遵循科学训练的专门性原则。例如，为增强训练者的心肺功能，应让其做提高心肺功能的练习。

（三）训练强度

合理安排训练强度是体育运动训练中需要重点考虑的问题。通常情况下，训练强度会根据运动训练形式的变化而发生改变。例如，在以提高心肺功能为目的的训练中，训练者必须全力以赴，使得训练心率保持在心率储备的60%～90%的水平。体能较差的训练者则应该以心率储备的60%这样较低的训练心率为训练的起点。体育运动训练的训练内容不同，其训练强度的具体指向也有所不同。例如，在肌肉力量与耐力训练中，强度指的是在某一特定练习中克服大量阻力的百分比。在确定力量训练的强度时，依据最大重量（简称"RM"）是更为简便的方法，10RM就是能正确举起10次的最大重量，8～12RM是能正确举起8～12次的最大重量。对于一般训练者而言，8～12RM是提高肌肉力量与耐力最适宜的训练强度。如果训练者只是想单方面增强肌肉力量，则应选择在肌肉力竭前能重复举3～7次的最大重量，即力量训练应选择3～7RM的强度；假若训练者只是想单方面增长肌肉耐力，则应选择12+RM。当采用了12+RM作为训练强度时，每组重复次数增多，随着训练时间的增多，肌肉耐力的提高效果也会越来越明显。

（四）训练负荷

运动负荷以身体练习为基本手段对训练者机体施加训练刺激，是训练者在承受一定的外部刺激时在生理和心理方面所表现出来的应答反应程度。

负荷量和负荷强度是体育运动训练中训练负荷的两个组成要素。负荷量是指负荷作用的持续时间和单个训练练习或者系列练习时间内完成的工作总数（这里的"工作"既包括物理力学的，也包括生理学的）；负荷强度是指每个练习时刻的用力值、功能紧张度和作用力度或者训练工作量在某一时间里的集中程度，简而言之就是单位时间内的负荷量。

一般情况下，训练负荷是决定训练者体育运动训练的训练效果的决定性因素。因此，我们可以通过对训练负荷诸因素的控制，构建起不同特征的训练方法，进而利用不同特征的训练方法有针对性地提高训练者的体能素质水平。

二、体育运动训练的原则

从教育学角度来看，运动训练原则由两类原则组成：第一类是指对任何教学和教育过程都适用的一般教学论原则，第二类是指运动训练中特有的原则。一般教学论原则包括科学性、自觉性、积极性、直观性、牢固性、系统性、循序渐进性、可接受性等。运动训练中特有的原则主要包括专项训练深化、系统不间断、合理安排负荷、区别对待训练原则等。运动训练中特有的原则是运动训练过程客观规律的反映，是运动训练实践成功经验的总结和概括，是进行运动训练必须遵循的准则。

（一）自觉的积极性原则

自觉的积极性原则是指从不断地激励运动员训练动机的角度来组织训练过程的训练原则。运动员从开始参加训练到创造优异的运动成绩及保持成绩并继续提高，直至"运动寿命"的终结，这中间都应系统地、不间断地进行训练。这个原则是依据条件反射学说而确定的。这是由于暂时性神经联系建立得越多、越巩固，就越能使动作技能发挥积极的转移作用。此项原则是从一般教学和体育教学中引入运动训练过程的一项原则。它是指，在运动训练过程中，要促使运动员深刻认识参加体育运动的目的，自觉积极地进行训练,在这一过程中独立思考,创造性地完成训练任务。自觉是对认识、思想上的要求,积极是对行动、实践上的要求,两者关系:自觉是积极的前提,积极是自觉的外在表现。积极行动的程度取决于认识上的自觉性和认识水平的高低。我们强调了运动员深刻认识参加训练的目的是提高其参加训练的自觉性、激发其行动的主动性、调动其刻苦训练的积极性,以便使其能动性地、创造性地取得优异的运动成绩。唯有如此才能最终实现运动训练工程设计的目的。

在训练的全过程中,一个运动项目的知识、技术和战术都有其自身的系统,学习时要由简到繁、由浅入深地逐步发展,还需要有关的基本技能和素质的相应配合,这些技能与素质也有其自身的系统和相互间的联系。要创造条件使运动员参与训练工作的研究,增加其责任感。由于运动员是训练的主体并负责竞技运动的具体操作,因此,必须创造条件使其参与运动训练工作的设计与实施,尤其是训练规划的制定、训练结果的评定,以激发和增强其训练时的责任心。

(二)专项训练深化原则

专项训练深化原则是指通过不断深化专项内容来组织训练过程的训练原则。专项训练深化原则十分肯定一般训练的意义,更强调专项训练的重要作用。一般训练是指运动训练中采用多种多样的身体练习及训练方法,从而提高运动员器官系统的机能,全面发展运动员的运动素质,改善运动员的身体形态,使运动员掌握一定运动技术和理论知识,并改善其一般心理品质的过程;专项训练是指在运动训练过程中,以专项运动本身的动作或以解剖学、生物力学、生理能量供能特点与专项运动相似的练习,来提高专项运动所需的各器官系统的机能,发展专项运动素质,掌握专项运动技术、战术、理论知识及改善专项运动所需的心理品质的过程。专项训练深化原则的重点主要反映在训练内容、手段、方法的设计与安排上,并强调训练内容、方法必须高度符合专项比赛的要求。

在初级训练阶段和高级训练阶段,适度安排运动员的一般训练尤为重要。初级训练阶段,重视一般训练是为了在神经系统形成较丰富的暂时性神经联系,使运动员掌握较多的动作方法,从而获得较全面的动作储备。随着专项运动成绩的提高,要逐渐科学地加大专项训练的内容比重,训练方法及手段也应逐渐体现有效性、针对性特点。影响竞技能力提高的诸因素的结构搭配应更加逼近专项运动所需的比例状态,所安排的运动负荷也应更加符合专项比赛的特点。要科学地设计专项训练任务、内容、方法、手段、负荷安排的系统结构,正确处理好专项训练整体与局部内容的关系,正确安排专项运动的一般训练、辅助训练、专门训练、比赛训练的各项内容,实现了由一般训练向专项训练的有机过渡。

(三)系统不间断性原则

系统不间断性原则是指系统地、持续地、循序渐进地组织训练过程的训练原则。运动训练是一个多层次、多因素、结构复杂的"人造复合系统"。从纵向看,一个优秀运动员的成长过程大体分为五个阶段:启蒙基础训练阶段、初级专项训练阶段、专项提高训练阶段、创造成绩训练阶段及运动寿命保持阶段等。各个阶段依次相连且有机衔接。运动员通过这些阶段的持续训练直至运动寿命终结。从横向看,寓于运动训练这一过程的诸多因素互相影响且具有明显的时序性,如训练计划、训练实施、训练监督、训练纠偏等环节。其中，每一个环节的内容又具有明显的层次性、系统性。因此，在训练过程中需要贯彻系统不间断性训练原则。

系统不间断性原则强调必须科学遵循系统训练的训练规律。训练内容的选择和安排及训练手段的采用，都应充分考虑它们的内在联系和本身的系统，要做到由易到难、由简到繁、由浅入深地选择和安排适宜的训练内容及手段，要根据训练过程中训练内容的层次性与时序性、运动员训练程度的离差性、训练条件的变化性来全面考虑训练内容。训练全过程的系统不间断性原则还须体现在系统的训练体制上，各训练阶段的组织形式之间要有机地联系和结合。在训练内容的安排上、指标的规划上、比赛的要求上都应层层衔接。各级训练组织都须根据各自的任务、内容制定出相应的具体训练大纲和计划。

要坚持全年、多年的不间断性训练，保证机体取得显著的良性适应变化是运动员取得优异运动成绩的关键。为此，在全年、多年训练中，必须使这一过程中的每次课，每个训练周、阶段、周期有机地联系起来，使运动员在逐渐产生适应的基础上，不断提高运动水平直至创造优异成绩。当然，这种不间断性并不是指在训练过程中不需要安排适宜的间歇和调整时间，恰恰相反，只有科学地安排积极性间歇活动和恢复时间，才能更好地保证训练不间断的系统性。值得注意的是，岁时节日的安排和每周两天休息日的存在，从某种意义上讲，会使正常的训练过程受到影响，甚至影响了运动员机体的不断适应的进程。因此，必须科学地安排假日的训练内容。

（四）周期安排训练原则

周期安排训练原则是指根据运动训练的结构特点、重大赛事的安排规律和竞技状态的呈现特征来组织训练过程的训练原则。这一原则主要强调训练过程的周期性、竞技状态提高的规律性和训练周期确定的计划性。一般来讲，现代世界性重大竞技运动赛事安排的特点多具有周期性规律，如四年一次的奥运会、全运会和世界四大网球公开赛的开赛时机和日程等都具有周期性规律。为了有效地提高成绩，教练员必须根据这种周期性规律，制订训练计划、组织训练实施和监控训练过程。由于运动竞赛组织、竞技状态形成具有鲜明的周期性特征，因此训练过程的内容组织与工程进度安排必须符合这种周期性的特点。此外，运动适应过程也有一定的周期性特点。显然，周期安排训练原则意义重大。

竞技状态形成规律具有周期性特点。竞技状态是指运动员在竞技比赛前所呈现出最适宜的准备状态，它是创造优异运动成绩的关键要素。但是竞技状态的形成须经三个阶段：第一阶段称为获得阶段，此阶段的前期需要促使身体素质、运动技术、心理品质得到形成和发展，后期需促使这些条件有机结合并形成竞技状态；第二阶段称为相对稳定阶段，此阶段需要促使竞技状态的所有特征全都表现出来并得到巩固和发展，以便创造优异运动成绩；第三阶段称为暂时消失阶段，这一阶段的竞技状态的特征会出现暂时性消失或紊乱，训练水平会出现暂时性的下降。整个运动训练过程的竞技状态形成—相对稳定—暂时消失的特征及新一过程的重新开始，决定了运动训练过程训练周期的安排。

任何训练周期的准备、竞赛、过渡时间的长短，都要依据重大赛事的日程进行安排。实践证明，不适宜地缩短准备期，会导致竞技状态调整不好，造成比赛失利；同样，过多参加比赛很容易形成厌赛心理，从而有损运动员的身心健康。由此可见，必须科学安排周期训练的各项事宜。科学安排及实施小周期训练工作是落实训练周期任务的关键。应该说训练周期的任务是各个中、小周期训练任务的高度集合。训练周期的训练任务，实际上是通过完成小周期任务而累积落实的。在运动训练实践中，小周期是由周内循环链数，训练课数，休息日数（时数），训练负荷安排的节奏，各次课的任务、内容、方法、手段及作息制度等因素构成的。因此，小周期训练任务的圆满完成是完成大周期训练任务的关键。

（五）适宜负荷训练原则

适宜负荷训练原则是指根据运动员现实可能和机能训练的适应规律及提高运动员竞技能力的需要，在训练中给予适宜量度的负荷，以取得理想训练效果的训练原则。运动员在训练中承受一定运动负荷后，必然会产生相应的训练效应。但并非只要施加负荷，就一定会产生良好的训练效应。在运动训练实践中，合理地安排训练负荷主要体现在：能够根据训练任务、对象水平，逐步且有节奏地按照人体机能适应规律加大运动负荷，直至最大限度。这里所提出的逐步且有节奏地按照人体机能适应规律加大运动负荷，就是要求在运动训练中，遵守"加大—适应—再加大—再适应"的规律去安排运动负荷。合理地逐步加大负荷是现代竞技运动科学训练的重要发展趋势之一。当然，负荷的递增是在一定生理变化范围内，通过人体适应过程的规律而实现的。所以，切忌盲目加大负荷。

在运动训练的过程中，运动员机体在承受一定的有效负荷后，就会呈现疲劳（能量消耗）—恢复—超量恢复的能量变化特点。在一定的生理范围内，负荷刺激越大，机体能量消耗则越多，疲劳程度就会越强烈；负荷解除后，如能科学地安排一定的休息时间和方式，那么能量物质的恢复就会越快，产生超量恢复的水平就会越高。自然，人体在此基础上所表现出的运动能力也就越强。这就是超量恢复的原理所在。在生理极限范围内，机体在承受一定负荷的过程中会产生某种适应性反应，当机体适应这一负荷后，会出现"机能节省化"和竞技能力提高的现象。这就是运动适应原理的作用。因此可见，科学认识和掌握运动训练过程中的"超量恢复"与"运动适应"原理的意义十分重大。

应当指出，运动负荷的大小是相对的，对于绝对值同等的运动负荷，它对不同人体的刺激反应是不同的，这是由人体存在着个体差异的特点所决定的。因此，科学安排运动负荷的前提条件是，必须科学分析每位运动员所能承受负荷的生理临界限及其变化阈值。教练员只有随时掌握这条临界线的动态变化特点，才能使负荷安排做到有的放矢，富有针对性。在运动实践中掌握这条生理界限往往通过对测量运动员的脉搏变化、血乳酸（BLA）、血清睾酮（T）、血清皮质醇（FC）、血清肌酸激酶（CK）、无氧阈、尿蛋白、血红蛋白（HB）等指标，确定运动员的负荷强度等级、安排具体实施的训练负荷、检查运动员机体机能的恢复状况。借助于生理生化指标分析、确定和安排运动训练负荷，是运动训练负荷安排的重要方法。

（六）适时恢复训练原则

适时恢复训练原则是指在训练过程中，根据不同负荷性质和疲劳产生的机制，及时采取措施延续疲劳产生和消除疲劳，以便提高机体能力的训练原则。机体疲劳的产生和消除是有规律的。其中，负荷训练—恢复训练的统一规律是指在运动训练过程中客观存在着负荷和恢复两类不同性质的并存过程；负荷刺激—疲劳产生的效应规律是指在大强度或长时间负荷刺激下，机体必然产生相应程度的疲劳症状；机能下降—机能恢复的异时规律是指在负荷训练和恢复过程中，机体机能的下降或者提高过程均有异时变化的特点；负荷性质—恢复方法的对应规律是指负荷性质与恢复方法之间存在紧密的对应关系。显然，认识这些规律对于延缓疲劳产生、强化机能恢复和消除机体疲劳意义重大。

我们必须深刻认识训练过程中负荷训练和恢复训练并存的客观规律。在运动实践中，我们应认真将负荷的强度、时间、方式等与恢复的措施、方法、效果等放在同等地位上进行考虑。我们必须掌握不同负荷性质引发的疲劳特征。例如，速度性质的负荷刺激导致机体因肌肉中的磷酸肌酸（CP）消耗过多、神经细胞缺氧而产生疲劳；力量性质的负荷刺激导致机体因蛋白质消耗、CP恢复不足而产生疲劳；乳酸能耐力性质的负荷刺激导致机体因代谢产物堆积、血液酸度过高而产生疲劳；有氧耐力性质的负荷刺激导致机体因肌糖原消耗、能源补充不足而产生疲劳；负荷性质单一的负荷刺激导致机体因神经系统的兴奋性降低及内抑制发展而产生疲劳。

我们必须掌握不同负荷强度引发的疲劳特征。负荷刺激的强度不同，产生疲劳的特征也不同：强度中小，持续时间长的负荷刺激下，易出现轻度疲劳，其症状是疲倦、心率加快；一次极限强度负荷刺激下，易出现急性疲劳，其症状是面色苍白、心率过速、白细胞总量增多，出现尿蛋白；出现急性疲劳后凭意志继续进行负荷训练或连续进行大强度负荷训练，易出现过度疲劳，其症状是情绪低落、厌烦训练、食欲不佳、体重下降、动作不协调、运动水平下降。因此，从不同负荷强度引发的疲劳特征上看，要特别防止因过度训练而导致的过度疲劳，一旦出现，要采取对策予以消除；从消除体内代谢物质的角度看，应采取措施使体内的代谢物质尽快排出体外，以保证能源输送通道的畅通。

我们必须掌握不同类型疲劳消除的时间范围。不同能源物质的消耗—恢复—超量恢复具有异时的特性，加上负荷性质、负荷强度、负荷量的差异性，就会导致机能的下降—恢复—提高过程具有异时的特征。如速度、力量负荷训练的恢复时间最短，速度耐力（无氧耐力）训练的恢复时间较长，最大负荷训练的恢复时间最长，较大负荷训练的恢复时间减半，中等负荷训练则需10小时左右才能恢复。因此，在运动实践中应根据机能恢复的异时规律安排适宜的恢复时间和方法、手段：负荷安排接近极限时，须安排较长的恢复时间，使机体有充分的时间恢复工作能力；在负荷强度为中等或中等以下时（负荷量中等），则不必安排过长的恢复时间，否则会失去运动训练中恢复训练的意义。

我们必须掌握负荷性质与恢复方法之间存在的紧密对应关系。如有氧耐力训练中，人体因体内大量失去盐分必将导致机体工作能力的下降，如适当补充含有盐分的饮料并在训练后进行盐水浴，将有助于补充负荷阶段失去的盐分，使机体的内环境恢复平衡；又如进行无氧耐力训练时，人体会因缺氧和体内乳酸堆积引起机能的下降，如果训练后及时采用深呼吸和适度慢跑等恢复方法，就能改变体内的缺氧现状，较易恢复机体能力。我们必须认真研究目前常用的训练学恢复手段，医学、生物学恢复手段和营养学恢复手段的应用方法，如水浴、蒸汽浴、旋涡浴、氮水浴、苏打碳酸浴、盐浴、珍珠浴、含氧浴等手段及按摩、电催眠、紫外线照射、红外线照射等，以便根据需要及时采用。

（七）区别对待训练原则

区别对待训练原则是指在运动训练中要根据运动员的个人特点，有针对性地确定训练任务,选择训练方法和手段,合理安排运动负荷的训练原则。区别对待训练原则首先是根据不同项目的特点和运动员的遗传特点提出的。如速度性项群主要以磷酸盐代谢形式为主,糖的无氧代谢形式为辅,神经过程灵活性高、转换速度快,白肌纤维比例大;耐力性项群的主要表现为能量代谢特点变化多样,神经过程稳定,心肺功能良好,红肌纤维比例较大;准确性项群要求身体动作的稳定性、灵活性高,具有坚毅、冷静的心理品质;表现性项群对身体形态和心理素质的要求更高;格斗性项群要求骨骼强壮、爆发力好、性情勇敢、斗志顽强和反应迅速。

区别对待训练原则要求教练员必须深入了解运动员。由于运动员思想状况、健康状况、个体特征、训练水平及学习、工作、日常生活等情况均不相同,所以教练员应做到具体情况具体分析,因人而异地在训练中采取区别对待的措施。如制定训练方案和实施训练时,要注意符合运动员的特点。教练员不但在宏观上要对全队的总体训练做出规划,而且在微观上要对每一位运动员提出要求,这样所制定的训练指标、任务、内容、方法等就会切合实际。另外,善于科学处理不同水平队员的关系也很重要。在处理这种关系时,教练员应在思想认识和工作作风上一视同仁,要注意以身作则,以人为本,以自己的人品和行为获取运动员的信任,建立良好的权威形象,凝聚全体队员的思想,并且以此激发全体运动员和教练团队的积极性。

第三节 体育训练的学科基础

体育运动训练的生理学基础主要由相关运动生理学的基本知识、基本理论组成。这里选择性地介绍能量代谢与血液循环、骨骼肌肉与神经控制的基本理论和知识,同时,有针对性地阐述运动适应与运动应激的生理机制和特点。这些内容都与体育运动训练的素质提高、技能形成、负荷安排、参赛准备密切相关。了解能量代谢、血液循环、骨骼肌肉和中枢神经系统的相关知识,有助于人们深刻认识与理解体育运动训练的主要任务、具体内容、训练方法和负荷安排。

体育运动训练是由人体各器官系统协调配合所完成的,同时,体育运动训练又可以对各器官系统的活动产生良好影响。为此,了解人体各主要器官系统的结构与功能,能有效指导运动员科学地从事体育运动训练,这也是运动员实现终身健康的基本前提与保障。

一、能量代谢与血液循环

(一)能量代谢系统特点

1.ATP-CP 代谢系统

三磷酸腺苷简称 ATP,是肌肉活动时直接供能的化学能量物质。它是人体内最为重要的"高能"化合物。ATP 主要储存在机体细胞之内。其中,肌肉细胞中的 ATP 含量最多。

除ATP之外，其他形式的化学能都必须转变为ATP的能量结构方能供肌肉收缩之用。

ATP-CP代谢系统又称为磷酸原系统。其中CP也是高能量磷酸化合物，并储藏在肌肉细胞内，分解时可释放出大量能量供给ATP再合成使用。CP释放的能量使ADP和无机磷酸再合成为ATP。每1摩尔质量CP的分解，能再合成1摩尔质量的ATP。ATP和CP合称为磷酸原。人体肌肉中存储的磷酸原总量不多，男子约有0.6摩尔质量，女子约有0.3摩尔质量。显然，利用此系统所提供的能量是极为有限的。据研究，人体如以最快的速度持续运动几秒后肌肉中的磷酸原即已耗尽。但磷酸原系统对于从事短程疾跑、跳跃、投掷、踢摔等各种只需几秒钟即可完成的各种技能的作用是极大的。它不仅是这些活动方式的主要能源，而且直接影响着运动成绩的高低。

2. 乳酸代谢系统

在竞技运动和训练中，乳酸代谢系统的作用是极为重要的，特别在持续最大速率从事1～3分钟的运动时，如400米和800米跑，大部分要依赖乳酸代谢系统提供能量。而在较长时间持续运动的最后阶段，乳酸代谢系统的供能作用也是突出的。

乳酸代谢系统又称无氧代谢系统，是在缺氧状态下，代谢系统中糖的分解所产生的能量，可使ATP得以生成。当一部分肌糖原被分解时，其代谢产物为乳酸，因此称之为乳酸代谢系统。肌肉和血液中的乳酸积累到一定程度时，可致使肌肉产生暂时性疲劳。肌糖原在无氧状态下释放能量供ATP再合成，但是其数量远不如有氧状态下的ATP合成数量。

3. 有氧代谢系统

有氧代谢系统又称有氧供能系统。研究发现，机体有氧代谢下同等量的肌糖原全部分解后的代谢产物只是二氧化碳和水，所释放的能量可制造13倍于无氧状态下合成的ATP。机体有氧代谢的场所和无氧代谢的场所一样，均在肌肉细胞内，但是，有氧代谢的具体场所仅限于细胞的线粒体内。换言之，肌肉纤维细胞里面的线粒体是有氧代谢状态下ATP生成或还原的场所，故细胞内的线粒体被称之为人体运动的"发电厂"。显然，肌细胞内线粒体数量的多少将直接关系到有氧代谢的水平。研究发现，不同的肌纤维类型与线粒体的数目密切相关。通常，红肌纤维内的线粒体数目远比白肌纤维多得多。显然，这项研究不仅有助于提高科学训练的针对性，而且也为科学选材提供了生理依据。

有氧代谢系统的另一特性与代谢物质的种类有关。如脂肪、蛋白质、肌糖原是能量代谢的物质基础。在有氧状态下三者都可通过分解释能供ATP合成。其中，256克的脂肪分解能产生130摩尔质量的ATP。显然，长时间运动时（有氧状态下），肌糖原和脂肪是生成ATP能量的主要能源，蛋白质只在脂肪逐渐耗尽之时开始启用。有氧代谢系统不仅可使肌糖原、脂肪分解释能供ATP合成，并使其代谢产物不会成为致使身体疲劳的物质。因此，有氧代谢系统是长时间耐力运动的基础，运动员的有氧代谢水平直接影响着耐力运动成绩。

（二）血液循环系统特点

氧气是ATP能量产生或再生的重要条件。氧气必须从空气中输送到肌肉细胞中的线粒体里供ATP合成。氧气由空气进入线粒体需涉及两大系统的工作，即呼吸系统和血液循环系统。为简便起见，我们称之为心肺系统。一旦新鲜空气进入肺泡，空气与血液之间的氧和二氧化碳的交换就开始进行。这就是第一阶段的气体交换。交换的位置在肺泡血管膜上。肺泡血管膜是一层极薄的组织层，其主要功能是将肺泡中的空气与肺泡微血管中的血隔开。第二阶段为血液和骨骼肌组织间的气体交换，在组织微血管膜上进行。气体从第一阶段到第二阶段的交换，受多种因素的影响。从训练的角度看，主要受红细胞数量和血色素含量及肌肉中微细血管的数量和微血管的密度等因素的制约。

血液以两种方式输送氧气及二氧化碳：一是溶解于血液中；二是与血液进行化学结合。在正常状态下，氧气溶于血中的含量并不多，因此氧气的输送主要采用第二种方式。大部分的氧气与红细胞的血红蛋白进行化学结合并被输送。氧气与血红蛋白结合后，随着血液的流动，由血管动脉经微动脉，再经毛细血管，最后到达气体交换第二阶段的位置，进入细胞的线粒体。采用心率测量方法估算运动员的心血管系统功能，分析运动强度，是运动训练实践中常用的简易手段。优秀选手与正常人每搏输出量和心率具有显著差异。一般来讲，安静状态下，一般人每搏输出量为70～80毫升，心率为65～80次；优秀选手每搏输出量为100～110毫升，心率为50～60次。最大强度下一般人每搏输出量可达120毫升，优秀选手可达170毫升。运动时，血液分配发生了显著变化，其中最大强度运动时，肌肉可获得85%，而安静时，仅为15%。

运动时血液的改变受两种因素影响：一是肾、肝、皮肤等的动脉血管收缩变细；二是供应骨骼肌的动脉血管和骨骼肌内的毛细血管的扩张。正是这种生理性的变化，才确保骨骼肌内能输入大量带氧的血液。

耐力运动或耐力训练中，人体所需的ATP主要取自有氧代谢系统。因此，输氧系统的功能是非常重要的。其中最大耗氧量、最大耗氧量利用率是两项重要指标。最大耗氧量有93%受先天遗传因素影响，故最大耗氧量利用率可作为评定运动强度的指标。最大耗氧量利用率与乳酸生成关系密切。一般状况下，非运动员在60%VO_2max时，乳酸聚集显著上升；优秀耐力选手接近80%VO_2max时，乳酸才开始聚集。人们往往利用了最大耗氧量利用率与乳酸生成的密切关系，通过测试乳酸浓度来了解人体的输氧能力。一般认为：人体在逐渐增加强度的运动中，乳酸开始迅速增加的临界点称为"乳酸域"，当乳酸浓度达到4毫摩尔／升时称为"无氧域"。在训练中，在相同的无氧域值范围内，运动强度越大，说明氧的输入功能越强，利用率越大，有氧代谢水平越高。

（三）主要项目代谢特点

在通常情况下，对不同运动项目的能量代谢特点，人们以运动（训练）的有效负荷的作业时间作为讨论的基础。所谓作业时间是指实际运动（训练）所需的时间，如篮球运动上下半时各为20分钟，总计为40分钟，所需的能量自然涉及有氧和无氧代谢系统。

某项运动最强负荷阶段的作业时间称为有效负荷的作业时间。如某些项目看似作业时间较长，通过瞬间的许多技能，如急停、跳跃、疾跑来完成关键分值，而且这些技能的完成是在无氧状态下进行的。例如，篮球、足球、排球运动的比赛时间，看似能量代谢系统属于以有氧代谢供能为主，但是具体到个人的有效攻防技术的作业强度通常属于以无氧代谢供能为主。显然，我们必须从本质上深刻认识球类运动能量代谢供能特点。虽然运动项目不同，但运动作业负荷强度变化不大，且不同运动项目的负荷强度具有相对的相似性，如田径赛、游泳、划船、自行车、速度滑冰等运动。因此，我们可以通过持续作业时间看出这些项目的能量代谢供能特点。如田径 1500 米跑与 400 米游泳的作业时间大体相近，800 米跑、200 米游泳的作业时间大体相似，故由此判断：有效作业时间相同的不同周期性运动项目，其能量代谢特点具有高度的相似性和同类性。

在篮球、足球、手球等球类运动中，能量代谢系统提供 ATP 的百分比也与实际竞技时间有关。而且这三个球类运动项目表面上像是以有氧代谢供能为主，实质上则是以无氧代谢供能为主的项目。另外，有效作业时间愈短，无氧供能的强度愈高。

乳酸代谢系统供能效率与作业时间、作业强度密切相关，并有显著差异。导致这一差别的原因：①高强度运动中，乳酸代谢系统不能马上代谢，它需要一点时间才能正常启动。因此，高强度运动的初始阶段，乳酸代谢系统无法提供能量供 ATP 再次合成；②较高强度、长时间活动后，乳酸代谢系统参与工作时产生乳酸大量堆积致使肌肉疲劳，降低了运动强度，导致有氧代谢供能的比例增大。所以，在实际训练和运动中纯粹以乳酸代谢供能的形式并不多见，而是多与其他两个代谢系统中任一系统相互为用。

二、骨骼肌肉与神经控制

（一）骨骼肌的收缩机制

骨骼肌具有收缩能力，它所表现的收缩力在特定范畴内受两种条件控制：一是引起收缩的运动单位的参与数量；二是神经冲动传导的强度。骨骼肌的纤维具有收缩功能。人体的肌纤维分为红肌和白肌两种。红肌的收缩速度较慢，耐力较好，可维持长时间的收缩。白肌的收缩速度快且力量大，但是容易产生疲劳。肌腱的韧性很大，能随牵拉力将力传递给骨，肌肉肌腱附着于骨上。

肌肉的生理特性包括兴奋性、传导性和收缩性。肌肉对内外环境刺激产生的能力称为肌肉的兴奋性。肌肉在其收缩前，先产生兴奋，在一定生理范围内，肌肉的兴奋性越高，肌肉收缩时产生的力量就越大。肌纤维某点产生兴奋后可将兴奋传播至整个肌纤维，这种特性称为肌肉的传导性。肌肉接受刺激产生兴奋后，可使肌纤维收缩，这一特性称为肌肉的收缩性。肌肉的收缩过程非常复杂，简单地说，肌肉的收缩是肌肉蛋白质相互作用的结果。

运动神经纤维起于中枢神经系统，并进入骨骼肌到它所支配的肌纤维神经纤维的末端分成许多分支，每一分支与一条肌纤维相连。当神经元传导神经冲动时，此冲动传遍该神经元的神经纤维分支，并到达该运动单位的所有肌纤维，从而引起该运动单位的所有肌纤维一起收缩。运动单位的肌纤维并不集结在一起，而是分散在整块肌肉的各处。因此，单一的运动单位收缩时，可使整块肌群出现轻微收缩。如果有更多运动单位收缩，则其肌肉会产生更大的张力。运动单位是骨骼肌的基本作用单位。当某一运动单位神经元受刺激时，此单位所有肌纤维全部发生收缩。如该单位有许多肌纤维，则其收缩力强。因此，肌肉的收缩力可因参加收缩运动单位的多少或因运动单位的大小而不同。中枢神经系统超过刺激阈的神经冲动传至神经肌肉接头处的运动终板时，则释放出一种叫作乙酰胆碱的化学物质，造成细胞膜的去极化和钙离子的快速流入，引起运动单位所辖肌纤维的兴奋进而产生收缩。肌肉收缩实际上是肌球蛋白丝和肌动蛋白丝交互作用的结果。此作用使肌动蛋白丝向肌球蛋白丝接近，造成了肌纤维缩短。至于这种交互作用是如何形成的这里暂不讨论。简言之，肌纤维缩短是由肌动蛋白丝与肌球蛋白丝之间的横桥产生滑动、钩接引起的。ATP为横桥的活动供给能量。一般地说，肌肉产生的张力减低，说明肌肉缩短速度增加。原因是当肌动蛋白丝滑过时，横桥只有一段时间可用以钩接。如果收缩速度增加，参加横桥数目将会减少，因而使张力降低。

（二）肌肉收缩基本类型

骨骼肌肌肉收缩有四种基本类型：等张收缩、等长收缩、离心收缩和等动收缩。

1. 等张收缩

等张收缩又称为向心收缩，是运动员肌肉最常见的一种收缩方式。等张收缩的特点是产生张力时肌肉收短。所有举起重物的动作几乎都是此种收缩的结果。等张收缩时，关节活动的各个角度，其产生的张力不同，在任一关节活动范围内，肌肉等张收缩导致物体产生位移所需的张力，随关节角度的变化而发生变化。其中最弱一点的关节角度，肌肉需要做最大收缩。所以，在进行等张力量的训练时，关节活动的各个角度的肌肉并不都能受到充分训练，这就是等张收缩力量训练的缺点之一。

2. 等长收缩

等长收缩亦称静力收缩，即肌肉产生张力时，肌肉长度不变。如果伸直手提一重物，并静止不动，就是该收缩形式的结果。

3. 离心收缩

它是一种与等张收缩相反的收缩形式，故称离心收缩。肌肉以离心方式收缩时，肌肉产生张力，并被拉伸。例如，人体向上时的下降动作就是如此。

4. 等动收缩

等动收缩是指一定速度下，肌肉在全活动关节范围内的最大收缩。应当指出，等动收缩与等张收缩虽然都是向心收缩，但二者并不一样。区别的重要标志：前者收缩的各个关节角度的张力始终最大，且动作速度不变；后者收缩的各个关节角度的张力始终变化，且动作速度发生变化。显然，采取类似等动收缩方式训练有助于提高小肌肉群和弱肌肉群的力量。

（三）快缩、慢缩运动单位

运动单位可分为快肌收缩和慢肌收缩运动单位，又称快缩单位和慢缩单位。两种运动单位具有完全不同的功能特性，并对竞技运动有其各自的重要意义。快肌收缩和慢肌收缩运动单位各自的特点：快缩单位的无氧代谢能力要比慢缩单位的无氧代谢能力大得多。尽管快缩、慢缩单位都含有使ATP-CP代谢系统发生作用的酶，但是前者中酶的作用约为后者中酶的作用的3倍；同样，两种运动单位中的糖解化酶，快肌运动单位中此酶的作用要比慢肌运动单位高达2倍以上。所以，从生物化学的角度看，快缩单位最适宜短距的径赛、田赛、游泳、速滑和球类运动等。相反，慢缩单位的有氧代谢能力远比快缩单位大得多，因此，机体慢缩单位含量较多的人适宜中长距离的游泳、划船和径赛等长距离项目。

快肌纤维产生最大张力所需时间约为慢肌纤维的1/3。造成如此差异的主要原因：快缩单位具有较大的无氧代谢能力；快缩单位中运动神经元的神经纤维直径较粗，神经冲动的传导速度较快。所以，肌肉的收缩速度则愈快，速度方面的运动能力则愈明显，说明人体肌肉中快肌纤维的比例愈高。

快肌收缩单位的收缩力量要比慢肌收缩单位大得多。造成两者之间这种差异的主要原因：快肌纤维比慢肌纤维的直径粗；快缩单位所含的肌纤维数目要比慢缩单位多。故而，人体肌肉收缩力量愈大，快肌纤维的比例就愈高，其人体最大力量方面所表现出来的运动能力则愈明显。相对来说，由于慢缩单位的有氧代谢能力远比快缩单位大得多，故而能够表现较高的力量耐力的运动能力。

快肌纤维要比慢肌纤维更易疲劳。其原因是，快肌纤维对糖代谢的要求高，但是有氧代谢能力较差，人体以最快速度运动几秒后的持续活动需要依赖无氧状态下的糖分解释能供其继续做功。这样，体内势必产生大量乳酸并逐渐聚集，从而限制快肌纤维工作，导致快肌纤维先于慢肌纤维产生疲劳。

慢肌疲劳多发生在长时间的耐力训练或运动之后。它的发生并非由乳酸堆积所致，主要原因是：血糖的极度降低、肝糖的耗尽、体内大量失水、身体电解质的丧失、体温的升高。当然，负荷强度超大的运动训练之后，人体都有肌肉酸痛的体验。造成肌肉酸痛的主要原因是肌纤维微细组织被拉伤、局部的肌肉痉挛使血液供应减少等。因此，务必充分做好准备活动阶段的拉伸练习。

（四）中枢神经控制机制

人体运动除了由运动神经元冲动的传导而产生外，还受全身感觉器官传来冲动的影响和制约，更受高级神经中枢的控制，其中肌肉感觉器官的诱导作用十分明显。正是由于肌肉感觉器官的存在，中枢神经系统才有可能实现对运动活动的控制。机体的随意运动只有在神经系统对骨骼肌的支配保持完整的条件下才能发生，而且必须受大脑皮质的控制。大脑皮质控制躯体运动的部位称之为皮质运动区。在脑的大脑皮质上有两个含有特殊化神经元的区域，此等区域受刺激时能引起各种运动活动，而每一区域都可以引起特定的活动模式。第一区域为主要区域，第二区域为运动前区。两区共同控制着人体的行为。

通常，第一区域（主要运动区）又称"技能学习区"。人体运动的各部分动作模式都以不同的方式内存于这一区域中各自的小区，并有机链接。这种链接可使人体活动或运动达到微细化的协调程度。第二区域（主要运动前区）又称"运动技能储存区"。中枢神经系统的另一类运动神经元位于此区。由于此区的运动神经元与小脑连接，而小脑又负责人体肌群活动的协调性，因此，它对形成自动化的活动技能尤为重要。大脑皮质运动区对躯体运动的调节是通过对锥体系和锥体外系下传而实现的。由此可见，肌肉感觉器官随时传递着肌肉获悉的外在信息到大脑中枢神经的运动区域，大脑中枢神经运动区域通过锥体系和锥体外系传出神经冲动，使人体能够做出各种复杂的协调动作或运动行为。

运动技能的形成原理是神经传导连接机制。由于其原理复杂，这里不做详细说明，现举例说明运动技能形成的神经通路。例如，初学网球的正手击球，此动作学习过程由大脑皮质运动皮质中的"技能学习区"负责，从"技能学习区"发出的反应冲动经锥体到达位于脊髓中的低级运动神经元，然后传达到所做动作的各个运动单位；而后又通过肌肉感觉器官（肌梭、高尔基腱器）使大脑获得感觉信息，并且经过大脑、小脑共同协调动作。一旦学会这一击球动作，此种活动模式就变得较少需要意识的控制而化为一种模式储存在运动前区，即"运动技能储存区"。运动技能一旦储存于"运动技能储存区"里，这种技能才能称为"自动化的技能"。这对于形成多种技能并使之自动化尤为重要。

三、运动适应与运动应激

（一）运动适应生理机制

适应是生物适合环境条件生长的特性，是生物活动的基本规律之一。适应是指为避免环境的改变所引起的损伤，机体细胞、组织或器官发生的代谢、功能和结构的相应改变过程。

运动适应是指运动员通过长期不间断训练，机体各项竞技能力不断发生与创造优异运动成绩相匹配的生物适应过程，是运动训练的重要生理基础。从根本上说，运动训练过程就是生物改造的过程。训练负荷的刺激和恢复过程的效果是运动适应产生的类型和特征的主要决定要素。运动适应的直接目的就是通过科学训练，提高或降低各个系统、组织、器官和细胞对刺激的感应阈，同时增强机体代偿机能。运动适应表现形态主要体现在三个方面：体能、技能和心智能力。换言之，经过长期系统的训练，体能方面表现的运动适应是，当承受负荷强度较大的训练和比赛时，机体通常表现为能量代谢、肌肉收缩、神经支配等机能"节省化"。形态结构往往呈现出心肌增厚或心腔增大、细胞活性物质增多、骨骼密度增强等系列生物适应变化，各项运动素质普遍增强。技能方面表现的运动适应是，技术动作合理规范，动作流畅，节奏明快，技术应用得心应手，战术预判合理准确，战术配合娴熟巧妙。心智方面表现的运动适应是，情感敏锐、细腻、准确，善于自控情绪，比赛关注能力特强，意志品质坚定坚强，善于解读比赛进程，比赛思维能力较好。当然，体能和技能、心智能力的运动适应还有很多具体表现及其现象。

运动适应源于运动负荷（训练负荷）的刺激和恢复过程的效果。负荷是指载体所承受的刺激或压力。运动负荷是以身体练习为基本手段对运动员机体施加刺激，也就是人体在运动训练中所能完成的生理机能反应和心理状态反应的量或范围。训练负荷是指训练活动加之于人体生理上和心理上的负荷。所以，没有负荷就没有训练。反之亦然。训练过程的任何形式的负荷均含有量和强度。量反映负荷刺激的大小，指标有次数、时间距离、重量等；强度是指负荷的刺激程度，指标有速度、远度、高度、负重量、难度等。一般来说，具有一定负荷的练习都有一定的强度；反之，有一定强度的练习都含一定的负荷量。负荷强度和负荷量的组合关系通常呈现了反比关系，即强度大时量要小，强度小时量要大。

（二）运动适应主要特性

运动适应的主要特性集中表现为普遍性、特殊性、异时性、连续性方面。运动适应的普遍性是指机体在形态、机能、素质、技术、战术、心理和智力等方面都能发生运动适应现象。运动训练中任何训练手段的负荷刺激，均可使得各种器官系统和竞技能力产生变化，这就是运动适应普遍性的作用。运动适应的特殊性是指不同性质的运动负荷或练习，可引起特殊的适应性变化。如力量负荷和耐力负荷训练产生的运动适应是截然不同的。不同性质的运动负荷引起机体能源物质的消耗及其后的超量恢复程度也有所不同，如速度性负荷和耐力性负荷的肌肉能源物质消耗不同。

运动技术和运动战术所引起的适应过程更具有特殊性；不同专项技术的特征决定了运动适应的特殊性。

运动适应的异时性是指机体各器官系统对训练负荷的刺激存在着不同的适应时间。一般而言，机能的变化先于结构的适应性变化，神经、肌肉、腺体的理化状况最早发生变化，中枢神经系统比其他系统发生运动适应更早；运动器官比内脏器官较易较早发生适应。运动素质的适应往往早于技术运动的适应。运动适应的连续性是指机体运动适应的产生和发展是一个连续的过程，因此，机体的全面适应必须以渐进积累的方式形成。如果训练有间断，那么运动适应有可能消退，甚至影响机体全面运动适应的形成。负荷和适应的关系是通过不断的训练过程，逐步产生新的适应，从而促使竞技能力不断提高，最后形成最佳竞技状态。因此，需要科学地提高负荷，使机体不断产生新的运动适应。不断产生新的运动适应，是通过施加具有不同运动负荷性质的不同训练方法及其训练手段完成的。这些方法应用的目的就是打破机体内环境的相对平衡，使之发生向较高机能水平的转化，并能在适应运动负荷的基础上重新获得新的相对平衡。

运动适应新的相对平衡的表现，就是竞技能力的提高、最佳竞技状态的形成、运动损伤的防备等。运动适应新的相对平衡的获得与辩证处理负荷和恢复的关系密切相关：负荷和恢复的辩证统一是产生新的运动适应的重要条件。负荷导致机能暂时下降或出现疲劳，负荷后的科学恢复可以促使机体超量恢复。显然，负荷后的适宜的恢复手段和恢复时间，可以使机体在产生超量恢复的基础上产生新的运动适应，所以，我们必须深刻地认识和掌握负荷与恢复的辩证关系。

（三）运动应激生理机制

应激是指机体在受到一定强度的应激源（躯体或心理刺激）作用时所出现的全身性非特异性适应反应。适度应激有利于机体在变化的环境中维持自身稳态，提高机体应对不利环境的能力。但是，过度应激则会引发机能、行为和心理不良反应，如血压升高、肌肉紧张、脉搏和呼吸加快、手心出汗、手足发冷、萎靡不振、紧张性头疼、胃痛、低热、食欲不振、尿频、休息欠佳、难入睡或易醒等机能问题；或工作能力下降、失误增加、判断能力下降、健忘、思维突然停顿、关注力下降、走神、缺乏创造性、缺乏朝气、兴趣减退的行为问题；或急躁不安、紧张、恐惧、焦虑、抑郁、冲动、自残、自责、多疑及怨天尤人等心理问题。认识应激原理和不良的应激现象的目的就是掌握运动应激机制。

根据应激源的性质，可将应激分为生理应激和心理应激：生理应激的应激源受理化和生物因素影响；心理应激的应激源受心理和社会因素影响。还可出现其他多种神经内分泌的变化，它们是应激时代谢和器官功能变化的基础。同时还会引起体温升高、血糖升高、补体增高、外周血吞噬细胞数目增多和活性增强等非特异性免疫反应。心理应激的主要反应特点是适度的心理应激可引起积极的心理反应，提高个体的警觉水平，有利于集中注意力，提高判断和应对能力。显然，适度应激与过度应激（低度应激）的特点、现象完全不同。生理应激和心理应激既具有各自的特点，又具有密切的关联性。所谓运动应激，是指在训练前或在参加重大赛事之前或过程中的紧张反应状态，这种紧张反应状态来源于社会、生理和心理因素的共同刺激作用。人体参加运动训练和重大赛事时的生理应激反应表现为糖皮质激素、儿茶酚胺、生长激素、抗利尿激素、胰岛素、胰高血糖素、雄性激素都会发生一系列的变化，从而促进血管对儿茶酚胺的敏感性的提高，促进胰高血糖素、甲状腺素、降钙素、肾素、EPO 分泌，促进或者抑制糖原、脂肪分解及蛋白质合成等，促进肾小管收缩、泌尿减少等。由于应激的生理机制与交感—肾上腺髓质系统和下丘脑—垂体—肾上腺皮质系统密切相关，因此，社会和心理因素对运动应激的强度和深度的影响更大。神经内分泌系统直接受到来自社会压力或心理刺激的作用，影响着运动应激的反应程度。

（四）运动应激的主要特征

运动应激分为警觉阶段的应激、抗阻阶段的应激和衰竭阶段的应激，是根据比赛时运动员不同阶段的运动应激表现划分的。

警觉阶段的应激表现：参赛精力旺盛，专项体力充沛，技术感知灵敏，求战欲望强烈，神经系统兴奋。

抗阻阶段的应激表现：持续保持比赛关注能力，各种竞技能力高度协调，比赛斗志坚韧不拔，取胜信念坚定不移，关键环节感知清晰等。

衰竭阶段的应激表现：已知败象无法逆转，运动能力大幅下降，身体疲惫感骤增，技术、战术频频失误。

影响各个阶段的因素可分两类：一类是比赛地点、气候、交通、器材、设备、场馆和对手及裁判等客观因素；另一类是训练水平、队内和谐程度、队员伤病、疲劳状态、自控力和竞技状态等主观因素。

适宜的运动应激可以表现出多方面的特点。其中，物质代谢系统表现：糖原分解及糖异生增强，出现应激性高血糖和应激性糖尿；脂肪分解增强，脂肪氧化成为主要能源；蛋白质分解代谢增强，可出现负氮平衡。代谢变化的总体趋势是分解增强、合成减少、代谢率升高。内分泌系统表现：肾上腺素适度增加，可引起心理专注程度升高。运动应激具有双重性特点：应激过度则会引起焦虑、害怕、胆怯与愤怒；应激不足则会引起抑郁、厌食和自残现象等。这些都是运动训练或运动参赛的不良因素。多年训练已使机体产生运动适应，因此，形成适宜的运动应激至关重要，这要求运动员具备良好的抵御不良社会和心理因素的能力。为了能够产生适宜的运动应激，通常采用四步程序模式：一是要求运动员避免情绪波动，积极放松心态，保持较强信心。这种方法称为情绪控制。情绪控制最关键的地方是能够让运动员在复杂比赛环境中迅速、准确地认知、决策和反应。二是信息过滤。这要求运动员保留可用信息，剔除无益信息或封闭无益信息渠道。让运动员尽量卸掉心理负荷，免受不良信息干扰。三是认知反应。这要求运动员做到知己知彼，认真分析比赛对手的强弱之处，提出具体对策和措施。赛前三步程序的目的是帮助运动员明确参赛目标、排除不良干扰和制定参赛对策，从而产生强烈取胜的适宜运动应激。四是行为应答。基于前三步程序，通过具体行动验证合理的对策，增强或强化比赛中的适宜运动应激。

第六章 体育运动健康实践训练

第一节 运动训练理论基础

一、运动训练的基础

(一)运动训练的目标

不管是初学者还是职业运动员,至关重要的一点是制定切实可行的训练目标。训练目标要根据个人能力、心理特征和社会环境来设计。有些运动员是为赢得比赛或提高成绩,有些运动员则是追求获得运动技能或进一步提高生物动作能力。不论是目标如何,都应尽可能精确及可测量。不论是短期计划还是长期计划,在训练开始之前就应设定好,并且明确实现目标过程的具体细节。而完成这些目标的最终时刻,往往是一次重大的比赛。

训练是运动员为达到最佳竞技状态的准备过程。通过制订系统的训练计划,可使教练员的训练工作更有效率,而设计训练计划需要借鉴各门学科的知识。

训练过程是以发展专项特征为目标,这些特征与完成不同的训练任务紧密相关,包括全面身体发展、专项身体发展、技术能力、战术能力、心理素质、健康保养、伤病预防及相关理论知识。要想获得上述能力,需要根据运动员的年龄、经验和天赋,运用个性化、适宜的方法和手段。

1. 全面身体发展

也称为一般身体素质,是所有体育运动训练的基础。一般身体素质发展的目的是改善基本的身体能力,如耐力、力量、速度、柔韧和协调。运动员全面身体发展的基础越扎实,就越能经受住专项训练,最终可能发挥出更大的运动潜力。

2. 专项身体发展

也称为专项身体素质,是为发展专项运动所需要的生理或身体素质特征。这种训练类型是为了实现运动的一些特定需要,如力量、技能、耐力、速度和柔韧性。不过,许多运动项目需要各种关键运动能力的组合,如速度—力量、力量—耐力或速度—耐力。

3. 技术能力

这种训练强调以发展技术能力为核心,技术能力是获得体育运动项目成功所必需的条件。提高技术能力是以全面和专项身体发展为基础,如完成体操十字支撑动作的能力,要受到生物动作能力中力量因素的制约。针对发展技术能力训练的最终目的是在于完善技术动作,优化专项运动技能,专项运动技能是展现最佳竞技状态所必需的。发展技术能力应当在正常和特殊状况(如天气、噪声等)下进行,并且始终要围绕完善运动项目所必需的专项技能而进行。

4. 战术能力

发展战术能力对训练过程也是极为重要的。战术能力训练的目的是完善比赛策略,该项训练要以竞争对手的战术研究为基础。具体来讲,这种训练的目的是利用运动员的技术和身体能力来制定比赛战术,增加比赛获胜的概率。

5. 心理素质

心理准备也是确保发挥最佳体能所必需的要素。有些专家也称之为个性发展训练。不管术语如何称谓,发展心理素质(如自制力、勇气、毅力和自信等)对于成功展现运动能力是必不可少的。

6. 健康保养

运动员的整个健康状况应当引起充分重视。健康保养可以通过定期健康检查和适当的训练安排来实现,其中适当的训练安排包括将大量艰苦训练和阶段性的休息恢复搭配进行。必须特别注意伤病和疾病,在训练过程中应给予重点考虑。

7. 伤病预防

预防损伤的最佳方式是确保运动员已经提高了身体能力,形成了参加严格训练和比赛所必需的生理特性,并且确保进行适量训练。安排不当的训练包括负荷过大,这将会增加受伤的风险。对于年轻运动员来说,以全面发展身体为目标是极为重要的,因为这样可以提高生物动作能力从而有助于降低受伤的可能性。此外,疲劳控制也尤为重要,越是疲劳,发生受伤的概率就越大。因此,应当充分重视制订一个控制疲劳的训练计划。

8. 相关理论知识

应当在训练过程中充实运动员有关训练、计划、营养和能量再生等方面的生理学和心理学知识。运动员理解进行某种训练活动的原因非常重要,教练员可以针对各项训练计划的目标进行讨论或要求运动员参加关于训练的座谈会议来达到这一目的。让运动员具备关于训练过程和运动项目理论的知识可提高运动员决策能力及增加其对训练过程的关注,这样可以让教练员和运动员更好地制定出训练目标。

(二)运动训练系统

系统是指将某些观点、理论或假说采用正确的方法和手段加以组合的组织方式。一个系统的发展应该基于科学成果及实践经验的积累。虽然一个系统在自身独立前会依附于其他的系统,但该系统不应被一成不变地移植。而且创造或者完善一个更好的系统必须考虑到实际的社会和文化背景。

1. 揭示系统的构成要素

构成要素是训练系统发展的核心,这可以从训练理论和方法的有关基本知识、科学成果、本国优秀教练员的经验积累及其他国家的前车之鉴中提炼和总结。

2. 明确系统的组织结构

确定了决定训练系统成功与否的核心要素后就可以建立现实的训练系统了，而短期的和长期的训练模式也应当随之建立。该系统应当能为所有教练员共享，但也应当保持足够的灵活性，以便教练员能够根据他们自身的经验进行下一步的丰富与完善。

体育科研工作者对于建立训练系统起十分重要的作用。体育科学研究，尤其是应用领域的研究所提供的成果，丰富了训练系统赖以不断发展和完善的知识基础。此外，体育科研工作者的工作还有益于完善运动员的监测计划和选材计划、建立训练理论及完善疲劳和压力处理方法等。尽管体育科学对于训练系统的重要性是显而易见的，但这门分支科学并未在全世界受到足够的重视。例如，斯通（Stone）认为体育科学在美国的运用呈现下降趋势，这在某种程度上解释了近些年奥林匹克运动会上美国运动员的运动成绩下降的原因。

3. 验证系统的效能或作用

一旦启动训练系统，就应当经常对其进行评估。训练系统有效性的评估可通过多种方式进行。验证训练系统效果最简单的评估方法是该系统带来了实际运动成绩的提高，也可使用更为复杂的评估方法，包括对生理适应的直接测量，如荷尔蒙或细胞信号传导的适应。此外，力学评估方法可用于定量地测定训练系统的工作效率，如最大无氧功率、最大有氧功率、最大力量及力量增长率峰值的评估。体育科研工作者在此领域中起着极为重要的作用，他们运用自己的专业知识来评价运动员，并对训练系统效率的提升提出独到的见解。如果训练系统并非最佳，那么训练团队可以重新进行评价并进一步改进系统。

总体来说，训练系统的质量依赖于直接和支持因素。直接因素包括那些与训练和评价相关的因素，而支持因素与管理水平、经济条件、专业化能力和生活方式有关。每一个因素对于整个训练系统的成功都发挥着重要作用，但是直接因素的作用更为重要。直接因素的重要性进一步强调了这一观点：体育科研工作者为高质量训练系统的发展和完善做出了重大贡献。

高质量训练系统对于达到最佳竞技状态是必不可少的。训练的质量不仅取决于教练员，还取决于许多因素的相互作用，这些因素会影响到运动员的训练成绩。因此，所有会影响训练质量的因素都需要进行有效的落实和不断的评估，必要时进行调整，以满足当代体育运动不断变化发展的需求。

（三）运动训练的适应

训练是一个有组织的过程，它使身体和心理都在不断地接受各种负荷量和强度的刺激。运动员适应和调整训练与比赛负荷的能力，同生物物种适应其所生存的环境一样重要——适者生存！对运动员来说，如果无法适应不断变化的训练负荷与训练及比赛带来的刺激，将会导致疲劳、训练过量甚至过度训练。在这种情况下，运动员无法完成既定的训练目标。

高水平竞技能力是多年精心筹划、系统而富于挑战性的训练结果。在此期间，运动员不断调整自身的生理机能以适应专项运动的特殊要求。运动员对训练过程的适应程度越高，就越能发挥出高水平的运动潜力。因此，任何组织严密的训练计划，其目标都是为了促进适应，从而提高运动成绩。运动员只有遵循以下顺序，才有可能提高运动成绩。

二、运动训练的原则

运动训练原则，是运动训练过程客观规律的反映，遵循训练原则就是遵循训练过程的客观规律，在很大程度上反映了训练的科学化水平；违背训练原则就是违背训练过程的客观规律，训练就不是科学的。运动训练原则对于训练实践的重要指导作用也主要表现于此。因而实施科学化训练，就必须遵循运动训练原则，训练原则的贯彻是科学化训练最重要的体现。

（一）一般训练与专项训练相结合的原则

一般训练与专项训练相结合的原则就是指在运动训练过程中，要根据运动项目的特点，运动员的水平和不同训练时间、阶段任务，恰当地安排两者的训练比重。

一般训练和专项训练两者在内容、手段及所起的作用方面是不同的，但其目的是一致的，都是为了提高运动员的专项运动成绩。对青年运动员来说，在训练的基础阶段，离开一般训练，过多采取专项训练的内容和手段，对今后的发展是不利的，重要的是如何按不同水平和层次的运动员的实际情况，在训练过程的不同时期和阶段，恰当地安排好一般训练与专项训练两者的比重。

（二）系统的不间断性原则

系统的不间断性原则是指从初期训练到出现优异运动成绩及保持和继续提高，直至运动寿命的终结，都应系统地、不间断地维持下去。

（三）周期性原则

运动训练过程的周期一般分为：多年训练周期（4～8年）、训练大周期（0.5～1年）、中周期（4～8周）、小周期（4～10天）及训练课（1.5～4小时）等几种不同类型的训练周期，并以此制订各种训练计划。

每个训练周期是由准备期、竞赛期和休整期三个相互紧密衔接的时期所组成。而每个时期都有其各自的主要任务、内容、负荷的安排、手段和方法。

就运动项目的特点而言，各运动项目对运动员机体能力有不同的要求，而且赛季的安排也不尽相同，如体能类的耐力性项目，准备性训练和比赛都要消耗巨大的体能，并且需要恢复的时间相对较长，因而全年大周期就相对较少；而一些技能类表现性项目和对抗性项目，尤其是球类，相对来说竞赛安排较多，赛季也长，全年训练大周期就多一些，多采用多周期（如双周期）制，或者竞赛期安排的时间较长。另外，冬季运动项目如滑雪、滑冰等，受季节的影响，一般也只安排1～2个大周期。

在现代运动训练中有的项目优秀运动员年度中参加重大比赛的次数较多，并要求多次创造优异运动成绩，因此有的研究提出多周期的安排，这在优秀运动员的训练中是需要进一步通过实践与科学研究加以探讨的。

（四）区别对待原则

区别对待原则是指在运动训练过程中，要根据运动员的个人特点，有针对性地确定训练任务，选择方法、手段和安排运动负荷。区别对待原则中所指的个人特点，包括运动员的年龄、性别、文化水平、身体条件，承担负荷的能力、技术、战术水平和心理素质等各个方面；确定训练任务，包括从训练课直到全年或多年训练期望达到的目标和具体任务。

三、运动训练的要素

（一）训练量

训练量是训练的主要组成部分之一，因为它是实现高水平技术、战术和身体的先决条件。训练量有时被错误地认为仅是指训练的持续时间，但实际上它包含以下部分：（1）训练时间或持续训练的时间。（2）行进的总距离或者抗阻训练的总重量（即训练负荷 = 组数 × 重复次数 × 重量）。（3）运动员在规定时间内完成一项练习或技术动作的重复次数。

（二）训练强度

训练强度是对运动员完成高质量训练的另一个重要训练因素。我们可以将训练强度定义为与功率输出（即能量消耗或单位时间做的功）、对抗力量或发展速度有关的训练要素。根据这个定义，运动员在单位时间内做功越多，训练强度则越大。强度是神经肌肉激活的函数，训练强度越大（如更大的功率输出、更大的外部负荷）需要更多的神经肌肉被激活。神经肌肉激活模式取决于以下四个要素：外部负荷、运动速度、疲劳程度及所从事的训练类型。另一个要考虑的因素是训练时的心理紧张程度。就训练的心理方面而言，哪怕是出现低水平的身体紧张，也会造成训练强度极大提高，从而导致注意力的分散和心理压力的产生。

（三）训练密度

训练密度是单位时间内运动员接受训练课的频率。训练密度时表现出单位时间内训练与恢复的关系。因此训练密度越大，训练阶段间的恢复时间就越少。随着训练密度的增加，运动员和教练员必须建立训练与休息的平衡，从而避免引起过度疲劳或者力竭，因为这些都会导致过度训练。

量化多次训练课（例如，在一个训练日或小周期）所需的最佳时间量非常困难，因为许多因素会影响运动员的恢复速度。在下一次训练课开始之前，本次训练课的训练强度和训练量对确定所需的时间量起主要作用。训练课的负荷（即训练强度和训练量）越大，所需的恢复时间就越长。此外，运动员的训练状况、实际年龄、使用的营养干预及恢复干预都会影响到运动员的恢复能力。在下一次训练开始之前，不需要从上一次中完全恢复，一般通过增加训练密度，并在训练日或小周期中运用不同负荷的训练课来促进恢复。

（四）总体需求指数

训练量、训练强度、训练密度及复杂性都会影响训练中运动员的总需求。虽然这些因素相辅相成，但是加强其中任何一种因素而其他因素不进行相应的调整，都可能增加运动员的需求。比如，在发展高强度耐力时，如果教练员想保持同样的运动强度，则应增加训练量。在增加训练量时，教练员必须考虑怎样增加训练量才会影响训练强度及训练强度必须减少多少。

训练的计划和指导主要依赖于训练量、训练强度和训练密度三者的合理安排。教练员必须着重分析这些要素的变化曲线，尤其是训练量和训练强度。还应考虑到运动员的适应反应、训练阶段及比赛的时间安排（赛程表）。训练要素的科学搭配可以让运动员在预计的时间达到最佳的训练效果，并获得最佳竞技能力。

第二节 球类运动项目训练

一、球类运动基本知识

在体育运动项目中，比较显著的一类就是球类运动，主要指的是一些运动项目的总称，包含足球运动项目、篮球运动项目、排球运动项目、乒乓球运动项目、羽毛球运动项目与网球运动项目等。作为综合性较强的一项体育运动项目，球类运动对于参加者存在一定的要求，需要他们在具备良好基本运动能力的同时，如跑、跳、投等，还要对于球类运动各项项目的专门技术与战术熟练地掌握并应用。

对于球类运动而言，通常会在以下几个方面表现出它的特点。

球类运动的趣味性特点。所谓的球类运动，顾名思义，其练习活动的开展需要对"球"这一器材进行使用，因此，使得球类运动的趣味性与吸引力得到了增强。

球类运动的观赏性特点。在球类运动的高水平比赛中，存在着激烈的、紧张的、异彩纷呈的、高潮迭起的氛围。而人们关注的焦点不仅是球队的整体战略技术，还可以是球类运动员高水平的技能与技巧，所以，毫无疑问地说球类运动比赛的观赏能够给人带来艺术的享受与体验。

球类运动的锻炼性特点。众所周知，生命的主要意义在于运动的开展。如果在球类运动参与的过程中能够对科学的锻炼方法进行使用，不仅能够作为有效的途径实现练习者身体素质的增强，还能够作为有效的方法使练习者的身体健康得到促进。

球类运动的广泛性特点。由于球类运动自身具有显著的特点，一直以来都受到人们的广泛追捧。伴随体育运动的不断发展，人们对于体育健身的思想观念逐渐加深了认识，同时，很多种类别的球类运动项目已经成为全球化的体育运动项目，如足球运动项目，被人们称作是世界第一运动。

所以，球类运动在人们生活中承载的任务也越来越重要。

二、球类运动中的各个项目

（一）篮球

篮球运动是将球投入对方篮筐，以得分多少决定胜负的集体球类运动项目。篮球也是一项全面的主动运动，同时也是现代竞技运动，是奥运会的核心赛事。作为一项游戏，出色的健身活动在所有可以为身心做出贡献并且赋予身体力量的人们中很受欢迎。作为一项竞技运动，它可以通过强者之间的对抗和斗争来显示和增强生活的活力。他们将留下自己的集体主义的勇气和风格精神。

19世纪中叶以后，随着欧洲工业革命的发展，使劳动生产和技术的创新及生产率提高。结果，社会的社会意识观念逐渐改变，并被新的生活方式、文明和进步所吸引。健康和繁荣一直是当时的发展趋势，在这种社会发展和进步的环境下，篮球已经产生并得到改善。

（二）羽毛球

最初的羽毛球比赛至少在2000年前就出现了。在日本，有14—15世纪的书面记录，球拍是用木头做的，球是用樱桃石和羊毛做的。大约在18世纪，这种游戏与印度浦那的第一个日本羽毛球比赛非常相似。球由带有毛皮的圆形硬纸板组成（类似于我们的羽毛球）。这个地方是木头做的。该游戏由两个人玩。彼此面对面站立，用手将球在板上来回滑动。

现代羽毛球诞生于英国。在19世纪70年代，英国人从印度浦那生产羽毛球到英国，并且通过发展皮草大衣及细线技术进一步提高了羽毛球的质量。羽毛球运动大型赛事主要包括：奥运会羽毛球赛、世界杯羽毛球赛、世界羽毛球锦标赛、汤姆斯杯（世界羽毛球男子团体赛）、尤伯杯（世界羽毛球女子团体赛）、苏迪曼杯（世界羽毛球混合团体锦标赛）及世界羽毛球大奖赛总决赛等。

（三）足球

现代意义上的足球起源于英格兰，一个好事是1848年现代足球、现代规则、剑桥规则的诞生。1900年，足球被注册为奥运会的正式比赛项目，直到1904年国际足球协会（FIFA）成立，该组织承认200多个国家和地区为会员，并且是世界上最大的个人体育组织之一。主要的国际足球比赛主要包括世界杯、奥林匹克足球（世界杯上的女子足球比赛除外，特别是包括女子在内的世界杯）。其中，世界冠军足球比赛反映了世界足球发展的最高水平和方向，对促进世界足球的发展具有积极作用。如今，足球在世界范围内继续得到普及和推广，许多国家都将足球视为一种"民族运动"。

1840年以后，现代足球从英国传入中国。中国古代参加了远东足球比赛，两次参加了奥运会。中华人民共和国成立后，党和政府致力于在我国普及和推广足球。现在，尤其是足球被视为体育改革的脚步，是从制度到采用的竞争制度的一系列改革措施。职业足球的早期形成是中国足球打基础的开始。

（四）乒乓球

乒乓球运动始于19世纪后期的英格兰，是乒乓球运动的开端。欧洲人仍然称乒乓球为"网球"，因为乒乓球是用网球制成的。1890年，英国运动员詹姆斯·吉布（James Gibb）从美国带来了一个空足球来打乒乓球。当球与架子或者桌子碰撞时，会发出乒乓和乒乓的声音，因此被称为"乒乓"。在20世纪初期，乒乓球在欧洲和亚洲国家蓬勃发展。在20世纪80年代中期至后期，中国乒乓球的发展速度减缓，来自欧洲的瑞典男队开始成长。

在过去，国际乒乓球联合会（ITTF）大大改变了乒乓球比赛的规则。"小球到大球"，

"21分制到11分制"等一些改革扩大了球员之间的距离，增加了比赛的对抗性和偶然性。为了防止一个国家或地区垄断奥林匹克冠军和冠军，ITTF坚称，来自同一联盟的两对运动员必须在奥林匹克双打比赛中处于同一回合。这样，第二次进入决赛的人将来自不同的国家，该地区的两对选手将更有可能竞争。

（五）网球

网球的起源可以追溯到12—13世纪的法国，在这段时间里，年轻的法国传教士经常反复用手掌打球以适应单调的生活。如何在教堂的大厅中用绳子将两者分开，然后用手掌包裹头发的布将球击中，这是一项原始的网球运动。

随着此项比赛的不断发展，他们开始使用手套触摸球，然后由球棒演变成球。这种游戏不仅在教堂流行，而且在法国法院逐渐出现。在13世纪，法国国王路易五世将这项约会游戏确立为一项皇家运动，并且禁止平民参加。

1875年，英国板球俱乐部制定了网球比赛规则。1877年7月，全英格兰板球俱乐部更名为全英格兰板球和草地网球俱乐部，这是第一届温布尔登男子单打比赛。之后，该组织确定网球场为23.77厘米×8.23厘米。矩形水表的水位是根据古老的中世纪评估方法评估的。等级0称为"love"，1分获胜被称为"15"，2分获胜被称之为"30"，3分获胜被称为"40"，平局被称作"平局"。

在1890年中期，网球进入了开放阶段。世界上许多国家和地区已经成功地组建了网球协会并定期举办网球比赛。20世纪70年代后，网球经历了前所未有的发展。在美国、法国、英国、德国、澳大利亚和俄罗斯及其他网球强国，网球的公众意识正在增强。

近年来，随着网球运动的日益普及，世界一流的球星已经出现在许多国家，而美国、澳大利亚和俄罗斯等一些国家的统治地位也在减弱。

第三节　有氧运动项目训练

一、有氧运动的基本知识

（一）有氧运动的概念

从本质上来讲，有氧运动指的是长时间开展的运动或耐力运动，能够有效地、充分地袭击练习者的心、肺，也就是练习者的血液循环系统与呼吸系统，使其心肺功能得到提高，进而保证身体的各组织器官都能够获得充分的营养供应与氧气，使得练习者最佳的身体功能状态得到维持。所以，有氧运动含义中所指的较长时间应该最好保持在超过20分钟且维持在30分钟至60分钟之间，其运动形式应该对练习者心肺功能的提高能够起到一定的促进作用，常见的运动形式有步行、慢跑、原地跑、骑自行车、游泳、有氧健身操等。而短跑、举重、静力训练或健身器械等运动，一般被称作无氧运动。虽然它们能够使人的肌肉与爆发力得到增强，但是，之所以说无氧运动的健身效果没有有氧运动理想，主要是因为有氧运动不能使练习者的心肺功能得到有效刺激。

（二）有氧运动的特性

在有氧运动开展的过程中，机体吸氧量同机体消耗的氧气量之间存在的关系是大致等于的关系，在运动的过程中只有这样，才能够使练习者始终处于"有氧"的状态。同时，在时间短与强度高的情况下有一些运动也能够完成。在实际运动过程中练习者吸入的氧气量同其消耗的需求很难相适应，换句话说，练习者机体内部呈现出"入不敷出"的氧气状态，如练习者长期处于这种"缺氧"的状态，从事这样的无氧运动，那么十分不利于练习者机体的健康发展。

有氧运动会消耗机体的氧气，将一种不至于上气不接下气，但是会有轻微气喘的感觉带给练习者；有氧运动会使练习者不至于大汗淋漓，但是会轻微出汗；有氧运动不会使人感觉到肢体的疲劳感，会舒展练习者的全身。一种好的有氧运动，并不是上肢或者下肢的局部运动，而是一种全身性运动。如能够在悦耳的、有氧的音乐背景下开展有氧运动，那么对于练习者长时间的投入是有利的，能够促进更加良好锻炼效果的取得。所以，对于有氧运动的特性，作者进行了如下的总结。

1. 需要较长时间开展的运动

有氧运动是一种需要较长时间开展的运动，最佳持续时间应该保持在20分钟至60分钟之间，而练习者体内的糖或脂肪等物质的氧化为运动提供了所需要的能量。

2. 一种全身性的肌肉活动

对于有氧运动，在开展时如果练习者机体全身参加的肌肉越多，那么获得的效果就越好，最佳状态是1/6至2/3的肌肉群。相反，如果练习者开展的是小肌肉的局部性运动，那么就非常容易导致局部疲劳，直接中断了运动过程。因此，想要持久开展是不可能的；同时，足够的氧气消耗量是很难达到的，更不要说促进血液系统、呼吸系统与循环系统的改善与提高了。

3. 具备一定的强度

对于有氧运动，应该在某一个特定的强度范围保持，最好是在中等强度、低等强度之间，同时应保持20分钟或者是更长的持续时间。

4. 具有一定的律动性

对于有氧运动，实际上是一种肢体的律动性活动。如果运动是具备律动性的，那么就很容易对运动强度进行控制，只有这样才能够在适宜的有氧运动强度范围内维持合适的运动强度，进而获得最佳的效果。反之，如果运动是断续性的，那么就会存在较大的强度变化，从而获得不理想的运动效果。

二、有氧运动中各个项目的训练

（一）有氧健身走

在人们生活中存在的一种基本运动形式就是走，同时，这也是人们掌握最早的健身方法。由于它没有性别、年龄、体质强弱和场地器材的约束，因此，只要长时间坚持走就能够使身体得到强健，对疾病进行防治，获得延年益寿的效果。因此，千百年来，经久不衰。

在步行的时候，因为机体的大部分肌肉与四肢肌肉都得到了活动，可以对肌肉萎缩进行防护。相关科学研究证明，如果一个人能长时间坚持走路，那么他的腿部肌肉群的收缩会比一般人多。如果人的步行速度较快，时间较长，路面存在较大坡度的话，那么就会产生越重的负荷，主要表现在心跳加快、心肌收缩加强、增大心排血量，那么就能够有效地锻炼心脏。对此，医学家的观点是，对大多数人而言，每一天的行走路程应该至少保持在60分钟，也就是5千米。如果一名男子每一天进行不超过1个小时的步行，那么同每一天步行在1个小时以上的男子相比，前者比后者会高出4倍的心脏局部贫血率。

在吃饭之前，或者之后进行行走，不仅能够使食欲得到增加，消化得到促进，同时还能够对糖尿病进行有效的防治。唐代著名的医学家孙思邈曾发表过这样的观点，即"食毕当步行""令人能饮食无病"。现代医学也证明，步行能够使神经肌肉紧张得到缓解，使大脑的血液循环得到促进，所以，能够使脑细胞的功能得到有效的发挥。

尽管有氧健身走看起来简单，但是却有着巨大的学问蕴含在其中。对于有氧健身走的基本技术进行掌握，使正确的走姿得以形成，能够使体质得到有效的增强，促进形体的健美。

在有氧健身走开展的过程中，应该摆正头部、双眼目视前方，自然伸直躯干，沉肩，微挺胸腰，微收腹。这样的姿势对于畅通经络是非常有效的，能够保证顺畅的气血运行，使人体在良性的状态下活动。

在有氧健身走开展的过程中，前移身体重心，保证臀部与腿部之间的协调配合，同时要有适中的步幅与自然、有力的步伐，当两只脚落地的时候要具备一定的节奏感。

在有氧健身走开展的过程中，应该保证自然的呼吸，对腹式呼吸的技巧要尽量注意，也就是说应该尽可能稍用力地呼气，自然地吸气，使步伐节奏和呼吸节奏之间协调配合，只有这样才能够在开展较长距离的步行时，使自身的疲劳感减少。

在有氧健身走开展的过程中，对于一些技巧要始终注意，即紧张和放松、借力和用力。也就是说，当用力步行几步以后，可以顺势借力再走几步，这样的转换方式能够使步行的速度得到大大提高，同时会使人获得轻松的感受，使体力得到节省。

（二）有氧健身跑

我们在本文中所提及的有氧健身跑，主要是指一项群众性的健身活动，即通过跑步能够使身心健康得到增强。尽管有氧健身跑没有较强的吸引力，然而，作为一项有氧运动却是最为有效、最为简单的。

有氧健身跑的价值主要通过以下几个方面表现出来：

一是有氧健身跑能够使心脏得到保护。有氧健身跑锻炼能够促进冠状动脉血液循环的良好保持。如能够长时间开展有氧健身跑锻炼活动，那么其并不会随着年龄的增长而缩窄自身的冠状动脉，能够保证心肌供血的充足，进而使各种心脏病得到了有效预防。

二是有氧健身跑能够使血液循环得到加速，使血液分布得到调整，使瘀血现象得以消除，促进呼吸系统功能的提高。作为全身性的一种健身运动，有氧健身跑能够对静脉血液回流起到有力的驱动作用，使盆腔和下肢静脉淤血的情况得到减少，使静脉内血栓的形成得到预防。此外，有氧健身跑开展的过程中，呼吸力量得到了加强，呼吸深度得到加大，进而使肺部的通气量得到有效的增加，积极地影响着呼吸系统。

三是有氧健身跑能够使神经系统的功能得到增强，使脑力劳动者的疲劳得以消除，对神经衰弱进行预防。有氧健身跑能够对大脑皮层的抑制和兴奋进行调整，同时对于人体内部平衡、精神振作与情绪调剂也存在一定的调整作用。

四是有氧健身跑能够使人体新陈代谢得到促进，体重得到控制，对肥胖症进行预防。在有氧健身跑开展的过程中，能量的消耗是不可避免的，能够对机体的新陈代谢起到一定的促进作用，对于中老年人，尤其是中年人，能够较好地实现减肥的目的。此外，有氧健身跑还能够使脂质代谢得到改善，使血内脂质过高的情况得到预防，进而促进高脂血症的预防与治疗。

在有氧健身跑开展的过程中，练习者应该保证正确的跑步姿势，只有这样才能够在节省体力的基础上跑得更快。练习者应该保持身体的正直状态，同时向前微倾，不能使头部和上半身摇晃，应始终保持在一条直线上。对于练习者摆动双臂的动作而言，不仅要对身体的平衡进行维护，还能够对两条腿的摆动动作与蹬地动作起到一定的帮助，使跑步的速度得到加快。双臂在摆动的时候应该同躯干之间保持一定的距离，同时自然地前后摆动；双手应该保持半握拳的自然状态，适当地弯曲肘关节，把肩关节作为轴，在做前摆动作时，尽可能地不将肘部露出来，在做后摆动作时，尽可能地不将手部露出来。同时，切记低头动作、端肩动作和弯腰动作都不能出现。之所以向后蹬双腿，目的是产生身体前进的推动力，需要注意的是，应该积极有力地进行后蹬，充分伸直髋关节、膝关节与踝关节，腿部的前摆能够使有氧健身跑的步伐得到加大，在做前摆动作的时候，练习者应该放松大腿，同时向前按照惯性呈自然折叠状态。

在冬季来临时，就会存在较低的气温，因此，练习者在开展有氧健身跑练习活动之前必须将准备活动做好，使运动损伤的情况得到防止。如果有氧健身跑每一天都开展的话，那么由于消耗的水分多，练习者需对适当的盐分与水分进行补充。夏季来临时，在凉爽的清晨或者傍晚开展有氧健身跑练习活动是比较合适的。但是，需要注意的是，当有氧健身跑练习活动结束以后，应该适当做一些整理活动。

第四节　无氧运动项目训练

一、无氧运动能力概述

无氧运动能力是人体竞技运动能力之一，其是反映人体短时间、快速运动的主要能力，其对应着机体供能代谢的变化特征和表现规律。科学及正确地认识人体运动过程中机体能量代谢的变化和表现规律是运动过程中能量代谢客观规律的反映，应该是运动训练过程中能量代谢的普遍经验的概括和科学研究成果的结晶。能量代谢的关联与规律是不以人们的主观意志为转移的客观存在，在机体运动过程中客观存在并不断转变，在一定条件下影响着机体的运动能力。不管是竞技运动的参与者还是指导者都应该了解和认识机体竞技运动过程中能量代谢的规律，只有在运动训练过程中遵循和适应机体能力代谢的规律，才有可能提高机体的运动能力，进而取得运动训练的成功和竞技运动的优异成绩；而任何不遵循和不依靠机体能量代谢规律的活动与训练，都必然受到机体生物规律的惩罚，甚至损坏机体的健康水平。一般，在运动训练中依据机体能量代谢的规律作为我们运动训练活动的基础原则，以机体能量代谢的基本规律指导运动训练，就能够有针对性地安排科学的训练手段和内容，能够有效地对运动员的机体进行改造、改进和提高运动员的基本运动能力，进而提高运动员的运动成绩。

竞技运动员的无氧运动能力是其参与竞技比赛和训练的运动能力的核心要素。竞技运动中机体的无氧运动能力具有其客观的本质特征，这些本质特征就是无氧运动能力在竞技运动中的变化与表现规律。为了科学地进行运动训练，有效地通过运动训练提高竞技运动员的无氧运动能力，首要的是通过运动训练实践的科学总结，结合运动人体科学的研究成果及竞技运动项目的不同特征，正确地认识和把握运动训练活动和比赛过程中不同水平运动员在不同运动项目或者技术动作片断中无氧运动能力的变化和表现规律。在竞技运动训练活动和比赛过程中，运动员无氧运动能力的变化与表现规律主要有以下几点。

第一，机体无氧运动能力是以无氧代谢供能系统为主导性作用的；

第二，竞技运动员的无氧运动能力是其运动能力的重要组成部分，其是运动员短时间、高强度运动主要能力的体现；

第三，竞技运动员无氧运动能力的供能系统主要由 ATP、ATP-CP 和无氧糖酵解三大供能系统组成；

第四，竞技运动员无氧运动能力的变化主要受遗传、环境和运动训练三个方面因素的影响；

第五，依据无氧运动能力的供能特征及运动实践特征，无氧运动能力具有不同的类型，每种类型的无氧运动能力都具有其独有的特征和表现规律；

第六，运动训练可以使竞技运动员的无氧运动能力产生明显的改变；

第七，外部施加的运动负荷可以引起竞技运动员机体生理和心理系统产生积极的或消极的应激反应，与此相对应的机体无氧运动能力将得到提高或者下降；

第八，竞技运动员的无氧运动能力是不断变化的；

第九，在特定的比赛环境中，通过适宜的准备，竞技运动员可以高度动员其生理和心理系统，充分或超水平发挥和表现出其自身和在训练中已经获得的无氧运动能力；

第十，竞技运动员的无氧运动能力可以间歇地重复动员和利用，但是需要在必要的条件下进行调整和恢复。

二、无氧运动能力的基本特征与训练

无氧运动能力作为一种人体运动能力，其在机体参与竞技运动中发挥着重要的作用。从生物学角度来讲，无氧运动能力的供能基础是依赖于无氧代谢供能系统，即 ATP-CP 系统和无氧糖酵解系统；但从运动训练实践和竞技运动实践的角度来讲，由于运动项目的时间、形式、强度、特点的不同，无氧运动能力在运动实践中表现的形式也不同，根据无氧运动能力的本质特征及不同运动项目的运动实践需求，本文将无氧运动能力划分为不同的类型：神经性无氧运动能力、原发性无氧运动能力、保持性无氧运动能力、持续性无氧运动能力、间断性无氧运动能力。不同的无氧运动能力类型具有其不同的生物学供能特征，同时不同类型的无氧运动能力在运动实践中具有其不同的实践特征和运动表现形式，反映了不同的运动特征，满足于不同的运动项目、运动技术的需求，同时也体现了不同项目运动员不同的运动能力。

（一）神经性无氧运动能力的基本特征与训练

神经性无氧运动能力反映的是机体极限爆发的能力，是机体极短时间、瞬间运动能力的集中体现，同时反映运动员遗传性爆发能力或快速运动能力。根据以往的研究表明：神经性无氧运动能力的主要影响因素是运动员的遗传因素，后天运动训练在一定程度上也可以提高运动员的神经性无氧运动或者极限化这种无氧运动能力，但是后天训练的影响指数不大。

由于神经性无氧运动能力更多地反映运动员的遗传素质和运动员先天性爆发能力，因此对于运动员的选材具有非常显著的实践意义。有些运动项目在极短时间内完成比赛或技术动作，需要运动员具有先天性爆发能力，即要求运动员具有较强的神经性无氧运动能力。例如，举重最后用力，田径跳高、跳远的起跳动作，铅球、标枪的最后出手动作，拳击的快速出拳动作，足球的最后全力射门动作，排球的起跳到最后大力扣球动作，短距离赛跑、短道速度滑冰的起跑动作等技术动作，从事此类运动项目的运动员的神经性无氧运动能力往往是决定比赛成绩、技术动作有效性及成功性的关键因素，因此在运动员的选材上就要鉴别其神经性无氧运动能力的水平。

可见，神经性无氧运动能力在竞技运动训练和竞赛实践中表现出来的是运动员的爆发能力、快速运动能力或对抗能力，是相应运动项目和技术动作有效完成的决定性运动能力。虽然神经性无氧运动能力和运动员的遗传因素密切相关，但是后天的运动训练还是对运动员提高无氧运动能力具有一定的效果。通过科学有效的运动训练，可以使运动员的技术动作更合理有效及运动员更有效地发挥无氧运动能力，使运动员在完成技术动作或比赛中神经性无氧运动能力发挥得更直接、更有效、更极限。在竞技运动训练实践中，反复多次、适当负荷、相似技术动作的训练有助于运动员神经性无氧运动能力的提高。比如，在举重训练中，接近极限负荷反复多次提拉杠铃的训练，对于提高运动员瞬间爆发力量具有良好的效果，可以有效地提高运动员上肢神经性无氧运动能力；在短道速滑500米项目的起跑训练中，反复多次的模拟大赛决赛阶段的起跑训练，在完善运动员起跑技术的同时，可以有效地提高运动员起跑效果和成绩，进而有效地提高运动员机体神经性无氧运动能力。

根据神经性无氧运动能力和肌细胞ATP系统的特征，在提高运动员机体神经性无氧运动能力训练中应注意以下几点：注意运动员的选材类型、采用运动员肌体极限或亚极限力量或速度进行训练；采用接近于比赛负荷条件下进行训练、每次练习时间不超过5秒，运动技术动作要反复完善形成机体对技术动作的动力定型。

（二）原发性无氧运动能力的基本特征与训练

原发性无氧运动能力反映的是运动员机体以无氧代谢为主要供能系统的短时间、高强度、快速运动的能力。原发性无氧运动能力主要反映的是运动员机体在ATP-CP供能系统下，15秒左右（以内）运动机体极限强度运动的能力。以往的研究表明：机体主要以 ATP-CP 供能系统下的运动能力受到运动机体遗传因素的影响比重较大，原发性无氧运动能力主要体现为运动机体的速度能力，即运动员个体的速度素质。而原发性无氧运动能力更多的是反映运动员15秒左右（以内）的绝对速度，运动员的速度素质受到运动个体肌肉类型的遗传因素影响比重比较大，研究证实后天的运动训练对于原发性无氧运动能力也具有显著性的影响，但遗传因素和后天训练对于原发性无氧运动能力的影响比重目前还没有明确的研究数据证实。由于运动个体因素等不同原因，这种影响比重也没有明确的标准，但是原发性无氧运动能力的水平至少能够体现运动员的速度类型或耐力类型。

由于原发性无氧运动能力更多的是反映运动员的速度素质和爆发素质，同时受到遗传因素和后天训练的影响，因此运动员的选材及后天的运动训练对运动个体原发性无氧运动能力具有重要的意义。有些运动项目或技术动作需要运动个体在15秒左右（内）采用极限强度等运动方式完成，需要运动个体具备极强的速度素质、爆发素质和力量素质等，即需要运动员具备极强的原发性无氧运动能力。例如，100米赛跑、100米速度滑冰、25米游泳、500米自行车、110米跨栏跑等运动项目或技术环节，此类运动项目的特点是往往在10～12秒内完成整个比赛过程或技术动作环节，10～12秒内决定比赛的胜负或运动成绩的好坏，因此原发性无氧运动能力将成为决定比赛胜负和成绩好坏的关键因素之一，即原发性无氧运动能力是决定这类项目或技术动作的主要运动能力。

因此，原发性无氧运动能力在竞技比赛和训练中表现出来的是运动个体15秒钟左右（内）极限强度、快速运动的能力，是相应的运动项目和技术动作决定性运动能力。虽然原发性无氧运动能力受到运动员机体遗传因素的影响，以往研究表明：运动员的肌肉类型是决定原发性无氧运动能力的主要因素，但后天训练对于运动机体原发性无氧运动能力的提高同样不可忽视。如运动机体的遗传素质是影响其原发性无氧运动能力的必备因素，那么后天的科学训练就是影响其原发性无氧运动能力的必需因素，两者相辅相成，缺一不可。运动机体的遗传因素是其无氧运动能力水平的根本保证，后天科学的运动训练能够将运动机体自身的无氧运动能力完全释放出来，可以使运动机体在竞技比赛中最大限度地发挥其原发性无氧运动能力的水平。在运动训练中，通过各种科学有效的有针对性的专项训练，能够提高运动机体在相应的运动项目中原发性无氧做功的总量，同时可以有效地提高运动机体在相应运动项目和技术动作的原发性无氧做功的功率，所以说后天的运动训练能够有效地提高运动机体原发性无氧运动能力。

根据原发性无氧运动能力的理论机制和机体 ATP-CP 系统的供能特征，在保证和提高运动机体原发性无氧运动能力的运动训练过程中应注意：运动员的选材、运动员的肌肉类型，采用接近极限强度和亚极限强度进行训练，训练时间接近10～15秒为适宜，专项技术动作要反复练习以至能达到动作定型。

（三）保持性无氧运动能力的基本特征与训练

保持性无氧运动能力体现了机体在短时间、极量运动项目中所需要的能量供能。能力是机体保持极量运动能力的体现，反映运动机体保持速度、保持负荷强度的能力。保持性无氧运动能力主要体现的是运动机体在竞技比赛和训练中完成30～180秒以内极量运动或亚极量运动的能力，保持性无氧运动能力的供能反映的是机体极限供能和机体 ATP-CP 供能能力、糖酵解供能能力的一种保持性能力。以往的研究表明：运动机体从静止开始后，在极限强度运动 2 秒内，主要依靠机体神经系统募集体内储存的 ATP 进行供能，10 ~ 12 秒的极限强度运动主要依靠 ATP-CP 系统供能，但一般极限运动状态下，ATP-CP 系统只能维持机体 10 ~ 12 秒以内的供能需求，再长时间极量运动就需要糖酵解系统供能，但是在竞技比赛和运动实践中，许多运动项目和运动实践片段都需要运动机体能够保持极量运动或亚极量运动 30 ~ 180 秒，这些运动项目和运动实践片段体现的是运动机体以上两种供能方式的保持性能力，即保持无氧运动能力，更多体现的是运动机体在竞技运动实践过程中保持极限强度运动的能力及保持 ATP-CP 系统供能、糖酵解系统供能的能力。如果说神经性无氧运动能力和原发性无氧运动能力都要受到运动个体遗传因素的关键性制约，那么保持性无氧运动能力主要是通过运动个体后天的科学训练获得的。

由于保持性无氧运动能力更多的是反映运动机体极量运动中保持速度、保持强度的能力，体现的是运动个体 30 ~ 180 秒内保持高强度、高速度、高对抗运动的能力。保持性无氧运动能力在运动机体遗传因素的基础上，主要依靠后天科学训练对该能力的开发和改善，所以，保持性无氧运动能力是后天科学训练主要提高无氧运动能力之一。如何科学训练来提高运动机体的保持性无氧运动能力是无氧运动能力训练的主要解决问题之一。有些运动项目和技术动作过程主要依靠保持性无氧运动能力来决定竞赛的胜负和技术动作过程的效果。例如，200 米跑、400 米跑、800 米跑，500 米速度滑冰、1000 米速度滑冰，50 米游泳、100 米游泳，篮球比赛中一次高强度的 24 秒防守、足球比赛中的一次持续 30 秒左右的进攻、羽毛球比赛中一次多拍对抗等，此类运动项目或者技术动作过程的特点是一般在 30 ~ 180 秒完成，30 ~ 180 秒内决定比赛的胜负或某一技术动作环节的胜负，保持性无氧运动能力是运动个体完成此类项目比赛、决定比赛胜负和成绩好坏的关键因素之一，即保持性无氧运动能力是决定此类项目和技术动作过程的主要运动能力。

保持性无氧运动能力在竞技比赛和训练过程中表现出来的是运动机体 30 ~ 180 秒保持高强度、高速度极量运动的能力，是相应运动项目和技术动作的决定性运动能力。根据人体能量供应的特征，保持性无氧运动能力主要是通过后天训练开发和提高的，运动员的个体遗传素质（肌肉类型、神经类型等）是保持性无氧运动能力的基础，后天科学训练是运动机体保持性无氧运动能力的核心因素，通过科学的运动训练可以明显地改变和提高运动机体的保持性无氧运动能力。通过对科学有效的高强度、高负荷的专项训练能够改变和提高运动机体的专项保持性无氧运动能力。提高运动机体的保持性无氧运动能力需要采用运动个体极限强度或亚极限强度的训练强度，或采用最接近于比赛实践的形式，采用接近 30 ~ 180 秒或长于 30 ~ 180 秒的运动时间。另外，不科学或不适合运动机体的运动训练不仅不能提高运动机体的保持性无氧运动能力，还可能降低运动机体的保持性无氧运动能力。保持性无氧运动能力还具有明显的实效性，其会随着科学的运动训练而不断地改变或提高，其同时也会随着运动训练的停止而下降。因此，保持性无氧运动能力的改变和提高是运动机体对于运动训练的一种适应现象，科学有效的运动训练是提高运动机体保持性无氧运动能力的重要手段之一。

根据以上分析、保持性无氧运动能力的理论与应用机制及保持性无氧运动能力主要供能系统（ATP-CP 系统）和糖酵解系统的供能特征，在改变和提高运动个体保持性无氧运动能力的运动训练过程中应注意：运动训练的负荷，采用极限负荷或亚极限负荷进行运动训练，每组训练时间控制在 30 ~ 180 秒或者略长于 30 ~ 180 秒、同时注意对技术训练和其他运动能力的训练。

（四）持续性无氧运动能力的基本特征与训练

持续性无氧运动能力反映的是运动机体在较长时间内较高速度、较高强度、较高负荷的运动过程中所表现出来的极量运动的能力，反映运动机体在 ATP-CP 供能系统、无氧糖酵解供能系统下较长时间运动过程中持续供能的能力，反映运动个体在有氧代谢供能系统不断供能运动基础上无氧供能系统快速供能的能力，反映运动个体在保持 5 ~ 15 分钟以内较高速度、较高强度、较高负荷的持续运动过程中极限速度、极限强度的运动能力。持续性无氧运动能力的主导性供能系统是 ATP-CP 供能系统和无氧糖酵解系统，但是与保持性无氧运动能力不同的是，保持性无氧运动能力反映的是运动机体绝对性 ATP-CP 供能系统和无氧糖酵解系统的供能能力，持续性无氧运动能力反映的是运动机体相对性 ATP-CP 供能系统和无氧糖酵解系统的供能能力。持续无氧运动能力主要反映运动机体在较长时间运动过程中、在有氧代谢系统供能过程中无氧供能的能力。在竞技比赛和运动实践过程中，有些运动项目需要运动机体持续运动 5 ~ 15 分钟，这些运动项目的特点是运动开始阶段不是极量运动，但整个运动过程中要求运动员持续保持亚极量运动强度，整个运动过程中有氧代谢供能和无氧代谢供能共同作用，但是在运动过程中由于战术的需要，或者在运动过程的结束阶段需要运动员采用极量的运动方式运动，这时需要无氧供能系统提供主导性能量供应。无氧运动系统的供能成为整个运动过程的主导性因素，也可以说无氧运动能力是该项运动成绩的主导性因素。

由于持续性无氧运动能力更多的是反映运动机体在较长时间（5 ~ 15 分钟）运动过程中或运动结束阶段的快速、极量运动的能力，体现的是运动机体在持续运动基础上高强度、高速度、高对抗的运动能力。持续性无氧运动能力是运动机体在有氧代谢供能系统供能基础上的无氧供能系统的供能能力，主要依靠后天的科学训练开发和获得。因此，后天的科学训练是运动机体提高持续性无氧运动能力的主要手段之一，如何通过科学训练提高运动机体的持续性无氧运动能力是无氧运动能力训练的主要问题之一。有些运动项目的竞赛实践过程中持续性无氧运动能力是决定竞赛胜负的关键因素之一，如 3000 米跑、5000 米跑，5000 米速度滑冰、10000 米速度滑冰，400 米游泳、800 米游泳等。此类运动项目的特点是一般在 5 ~ 15 分钟，平均运动强度都比较大，要求运动机体能够在整个过程中保持较高速度、较高强度，运动过程中运动机体大量积累乳酸，但是同时要求运动机体在运动结束阶段具备高速度、高强度及高负荷的运动能力。因此，持续性无氧运动能力是决定此类运动项目竞赛胜负的关键因素之一。

因此持续性无氧运动能力其实反映的是运动机体持续保持高速度、高强度运动的能力和运动最后阶段极限速度和极限强度的运动能力。根据持续性无氧运动能力的供能特征和方式，持续性无氧运动能力主要依靠后天运动训练获得，科学有效的运动训练能够有效地改善和提高运动机体持续性无氧运动能力。根据持续性无氧运动能力的特征，在运动训练过程中，需要采用接近或超过运动专项时间的训练时间，采用具有针对性的训练方式发展运动机体持续性无氧运动能力，一般可以采用间歇训练法或重复训练法来有针对性地提高运动机体持续性无氧运动能力。另外，值得注意的是，不科学或不适合运动个体的运动训练不但不能提高运动机体的持续性无氧运动能力，还可能破坏运动机体的无氧运动能力。持续性无氧运动与运动训练之间有非常明显的影响关系，同时具备非常明显的实效性，其会随着科学的运动训练而不断地改变或提高，同时也会随着运动训练的停止而下降。因此，持续性无氧运动能力的改变和提高是运动个体机体对于运动训练的一种适应现象，科学有效的运动训练是提高运动个体持续性无氧运动能力的重要手段之一。

根据以上分析的持续性无氧运动能力的理论与应用机制及持续性无氧运动能力主要供能系统的供能特征，在改善和提高运动机体持续性无氧运动能力的运动训练过程中应注意：主要运动训练过程中的训练时间，采用极限负荷或亚极限负荷进行运动训练，采用间歇训练或重复训练方法进行训练，同时注意对技术训练和其他运动能力的训练。

（五）间断性无氧运动能力的基本特征与训练

间断性无氧运动能力反映运动机体在较长时间（30分钟以上）竞技运动过程中表现出来的不止一次的短时间、极限速度、极限对抗的快速激烈运动的一种无氧运动能力，反映运动机体 ATP-CP 供能系统和糖酵解供能系统在较长时间的运动过程中间断、重复进行供能的能力，反映运动个体在有氧供能系统不断持续进行供能运动的基础上，无氧供能系统间断性、重复性、多次进行快速供能的能力。间断性无氧运动能力的主要供能系统是 ATP-CP 供能系统和糖酵解供能系统，但是间断性无氧运动能力的供能基础需要相对具有强大的有氧供能系统。和其他类型无氧运动能力不同的是，间断性无氧运动能力是运动机体在较长时间内表现出来的无氧运动能力，也可以说是运动机体在较长时间有氧运动过程中表现出来的高速、高对抗及高强度的运动能力。间歇性无氧运动能力既反映运动机体 ATP-CP 供能系统和糖酵解供能系统的供能能力，同时还反映运动机体在较长时间运动过程中无氧供能系统每次供能后的及时恢复能力。在竞技比赛和运动实践过程中，有些运动项目或运动过程需要运动机体在较长时间的运动过程中根据运动项目特征、技术战术的需要等因素，需要运动机体间断性、重复性和多次的采用极量的运动方式运动，这种极量的运动时间从几秒钟到几十秒钟不等，这种间断的运动需要无氧供能系统提供主要能量，但是同时需要有氧供能系统作为基础。因此，间断性无氧运动能力的高低与运动机体的无氧供能系统和有氧供能系统密切相关，而且更多体现的是运动机体无氧供能系统供能后的恢复能力，间断性无氧运动能力主要靠后天科学训练获得。

由于间断性无氧运动能力的特征是反映运动机体在较长时间（30分钟以上）的运动实践过程中间断性、重复性、多次进行极量、亚极量快速运动的能力，体现的是运动机体在较长时间有氧运动的基础上多次进行短时间高强度、高速度、高对抗的运动能力，反映的是运动机体在长时间有氧供能基础上无氧供能系统反复快速供能与恢复的能力。间断性无氧运动能力体现更多的是运动机体在有氧供能基础上的无氧供能能力和无氧供能系统的恢复能力，因此与运动机体自身遗传因素相关性很小，主要依靠后天的科学训练获得与发展。后天的科学训练是运动机体提高间断性无氧运动能力的主要手段之一，如何通过科学训练提高运动机体的间断性无氧运动能力是无氧运动能力训练的主要问题之一。有些运动项目的竞赛实践过程中间断性、重复多次的间断性无氧运动能力是决定竞赛胜负的关键因素之一，如整场的篮球、足球、网球、羽毛球比赛等，短道速度滑冰的接力项目、长距离跑和自行车运动、系列性竞赛等。此类运动项目或运动过程和赛事的特点是整个的竞赛或赛事的时间都比较长，在运动过程中需要运动机体反复、间断性地多次进行高速度、高强度、高对抗的短时间快速运动，运动过程中运动个体乳酸持续性积累，需要运动个体具有较强的耐乳酸和代谢乳酸的能力，需要运动机体具有较强的无氧供能系统的恢复能力，因此，此类运动项目需要运动机体同时具有较强的有氧运动能力和间断性无氧运动能力。所以，间断性无氧运动能力是决定此类运动项目或系列赛事取得胜负的关键因素之一。

因为间断性无氧运动能力虽然反映的是运动机体短时间高速度、高强度、高对抗的能力，但是这种快速运动能力是在较长时间有氧运动过程基础上的，而且是反复多次的无氧运动能力。根据间断性无氧运动能力的供能与表现特征和方式，间断性无氧运动能力主要依靠后天运动训练获得，科学有效的运动训练是发展和提高运动机体间断性无氧运动能力的最主要途径之一。根据间断性无氧运动能力在运动实践中的表现特征，提高运动机体的有氧代谢能力和无氧代谢系统的恢复能力及缩短无氧代谢系统的恢复时间是发展和提高运动机体间断性无氧运动能力的主要手段。因此，在运动训练中需要采用相应的手段有针对性地发展和提高运动员的间断性无氧运动能力。间断性无氧运动能力同样具有运动训练的实效性，其会随着运动训练的进程和效果不断发展与变化，同时会随着运动训练的停止而不断地减退。

根据以上分析的间断性无氧运动能力的理论机制及间断性无氧运动能力在运动实践中的表现特征和供能系统的特征，在改善和提高运动机体间断性无氧运动能力的运动训练过程中应注意：注重运动训练过程中的训练时间、训练方式和训练手段的适宜性，注意机体有氧供能系统和无氧供能系统的协调发展，同时注意对技术训练和其他运动能力的训练。

第七章 体育训练中促进学生体质
健康的方法

第一节 体育训练中的营养处方

营养素是指食物中可给人体提供能量、机体构成成分、组织修复及生理调节功能的化学成分。凡是能维持人体健康及提供生长、发育和劳动所需要的各种物质都被称为营养素。只有营养均衡，人体才会健康，缺乏或者过多摄取某种营养物质都会生病。因此，大学生在参加体育训练时要注意营养物质的适当摄取。

一、高校体育训练与营养的关系

(一)高校学生的营养特征

我国大学生的年龄一般在18～25岁之间，处于青春发育后期与青年初期阶段。在这一阶段，身体的生长发育进一步完善和成熟，身体形态和功能已具有成人的特点。在心理活动方面，意识、分析、判断、记忆能力发展迅速，富于想象，充满激情，因此大学生的营养特征比其他年龄阶段的人更为复杂，他们对营养的需求表现为热量充足、质量齐全、择食有度及个体有别。

(二)营养对体育训练的影响

在进行体育训练时，人们体内会发生一系列的生理性变化：中枢神经系统活动紧张，内分泌机能提高，酶系统活跃，新陈代谢旺盛，单位时间内的能量消耗远远高于安静状态时的能量消耗，体内的糖、脂肪被大量分解供能，蛋白质代谢更新加快，大量的维生素、无机盐参与分解代谢而加快了损失过程。这些变化使机体对于各种营养物质的需求量大大增加。

营养与体育关系密切，对训练效果有着很大的影响。体育训练造成的能量消耗要在运动结束后通过合理的营养膳食得到补充。如果缺乏合理营养保证，消耗得不到补充，机体处于一种"亏损"状态，久而久之，就会使训练者生理机能和运动能力下降，出现疲劳乏力甚至是病态。在这种情况下，想要提高训练效果或运动成绩就是很困难的事情。

合理营养与体育训练是维持和促进健康的两个重要条件。从而以科学合理的营养为物质基础，以体育训练为手段，用训练的消耗过程换取训练后的超量恢复过程，使机体积聚更多的能源物质，可以提高各器官系统的机能。此时获得的健康，较之单纯以营养获取的健康上升了一个新的高度，因为合理营养加体育训练获得了健康的同时也获得了良好的身体素质。

二、体育训练中营养素的消耗与补充

（一）体育训练中的营养消耗

1. 热能的消耗

常进行体育训练的学生热能代谢快，热能消耗比一般劳动强度者高很多，这主要是因为有些体育运动量的骤然增大和常伴有缺氧运动项目造成的。

2. 蛋白质的消耗

在体育训练的状态下，学生体内蛋白质的分解和合成代谢增加，蛋白质的消耗自然大增。这是体育训练使器官肥大、酶活性提高、激素调节活跃造成的。由于蛋白质食物的动力作用特别强，蛋白质过多可使机体代谢率增高，并增加水分的需要量，因此在进行体育训练前，蛋白质摄入不宜过多。

3. 脂肪的消耗

脂肪是体育训练中热能的主要来源之一。在参加体育训练时，尤其是在寒冷天气下的体育训练项目中，学生对于脂肪的利用显著增加。

4. 碳水化合物的消耗

碳水化合物主要是指糖类。糖类是体育训练时热能的主要来源之一，它在体育训练中的利用程度决定了学生是否具备良好的耐久力及是否能顺利地完成规定的运动强度，从而达到一个很好的运动效果。糖类具有易消化、耗氧少的特点。

机体代谢的产物主要是水和二氧化碳，在体育训练时，会随时被排出，如果补充不及时，就会形成供需脱节，在没有及时补充而又继续运动的情况下，对糖类的大量需要只能来自体内储备的糖原，从而造成糖原枯竭。对学生来说，这可能是致命的。

5. 维生素的消耗

在参加体育训练时，体内物质代谢过程加快，对维生素的需要量也会增加。维生素的需要量与体育训练量、机能状态和营养水平有关。剧烈的体育训练可使维生素缺乏症提前发生或症状加重，并且由于学生对维生素缺乏的耐受力比正常人差，因此在参加体育训练时应及时补充维生素。

6. 无机盐的消耗

在体育训练中，体内无机盐和微量元素的代谢均可能发生变化。在运动量大时，尿中钾、磷和氯化钠排出量减少，而钙的排出量增加。如学生对负荷的体育训练量适应，体内无机盐的变动幅度将降低。

7. 水的消耗

水的耗费是通过大量出汗实现的，出汗有调节体热平衡的功效。在体育训练时，出汗的多少与体育训练项目及气温、热辐射强度、气压、温度、单位时间体育训练量、饮食中的含盐量有关。

（二）体育训练中的营养补充

1. 蛋白质的补充

在进行有关耐力的体育训练时，食糖和（或）能量摄入充足，则每日蛋白质需要量是1.0～2.0克／千克体重。体育训练水平越高，需要量增加越多。在连续数天进行大负荷耐力体育训练时，每日补充蛋白质1.0克／千克体重，若身体仍然出现负面平衡，这表明体内蛋白质分解多于补充；而以1.5克／千克体重摄入蛋白质时，身体处于平衡。

在进行有关力量的体育训练项目时，学生的蛋白质供给量要比普通人多。进行力量训练的学生在轻量训练时，每日需要蛋白质1.0～1.6克／千克体重。

在进行有关控制体重的体育项目训练时，学生应选择优质的蛋白质来进行补充，因为蛋白质食物提供的热量可占学生总摄能量的18%。

2. 氨基酸的补充

（1）谷氨酰胺

谷氨酰胺是学生增长肌肉和力量的必需营养素，主要作用：①谷氨酰胺是强有力的胰岛素分泌刺激剂。②谷氨酰胺是有效的抗分解代谢剂，当肌体内谷氨酰胺浓度较高时，其他氨基酸不能再进入谷氨酰胺产生的环节中，从而有利于蛋白质合成。另外，谷氨酰胺还起到维持体内氨基酸平衡的作用，使机体合成更多的蛋白质。③谷氨酰胺是免疫系统所有细胞复制都需要的原料。谷氨酰胺具有增强免疫力的作用，对大强度练习引起学生免疫系统功能下降有积极的恢复作用。

体育训练后一般不直接补充谷氨酰胺，因为服用后会增加机体的氨负担。α-酮戊二酸是谷氨酰胺的前体物质，机体能利用鸟氨酸与α-酮戊二酸合成谷氨酰胺。这两种氨基酸结合在一起使用，在胰岛素、生长激素的分泌调节中发挥的作用更大。

（2）支链氨基酸

支链氨基酸的主要作用：①可以直接用作细胞燃料，参与长时间持续体育训练的能量供应，减少耐力性体育训练时肌肉蛋白质的降解速率。②可降低游离色氨酸进入大脑的速度，减少5-羟色胺的生成，维持大脑的正常兴奋性，延缓中枢疲劳的出现。

3. 糖原的补充

（1）运动前补糖

在运动前数日可增加膳食中的糖类食物，或者在运动前1～4小时补糖1～5克／千克体重，但应避免在运动前30～90分钟补糖，从而防止运动时血液中胰岛素升高。

（2）运动中补糖

在运动过程中，每隔20分钟补充含糖饮料或容易吸收的含糖食物，补糖量一般不大于20～60克／小时或1克／分钟，通常采用少量多次饮用含糖饮料。

（3）运动后补糖

在大强度的运动结束后，补糖的时间开始得越早，效果越好。因为在运动后6小时以内，肌肉中糖原合成酶活性高，可有效地促进糖原的合成。理想的方法是在运动后即刻、运动后2小时内及每隔1～2小时连续补糖。运动后补糖量为0.75～1.0克／千克体重。

4. 维生素的补充

（1）需要补充维生素的原因

学生对维生素的缺乏情况比一般人的耐受性差。学生的维生素需要决定于体育运动负荷、机能状态和营养水平。

①激烈的体育训练会加速水溶性维生素从汗、尿中排泄出去，特别是加速维生素 C 的排泄。②运动引起线粒体的数量和体积增大，酶和功能蛋白质数量增多，参与这些物质更新维生素的需要量增加。③在体育训练时，机体能量消耗大大增加，加速了物质能量代谢过程，同时加快了各组织更新，使维生素利用和消耗增多。

（2）与体育训练关系密切的维生素

①维生素 A 是形成眼视网膜中视紫质的原料，具有保护角膜上皮，预防角质化的作用。因此，对于要求视力集中的体育训练项目，如射箭等，学生的维生素 A 不足必然影响体育训练的效果。②维生素 B_1 是糖代谢中丙酮酸等氧化脱羧所必需的辅酶组成成分。其还与神经递质乙酰胆碱的合成与分解有关。当缺乏维生素 B_1 时，运动后的丙酮酸及乳酸堆积，使机体容易疲劳，并可引起乳酸脱氢酶活力降低，影响骨骼肌与心脏的功能。③维生素 B_2 是构成体内多种呼吸酶的辅酶成分，与体内的氧化还原反应和细胞呼吸有关。当学生缺乏维生素 B_2 时，会感到肌肉无力，耐久力受损害，容易产生疲劳。④维生素 B_6 又叫磷酸吡哆醛，它是氨基酸脱羧酶的辅酶，参与蛋白质的分解与合成。它与体育训练能力，特别是力量素质有关。⑤维生素 B_{12} 是一组含钴的钴胺素生理活性物质，参与同型半胱氨酸甲基化转变为蛋氨酸和甲基丙氨酸琥珀酸异构化过程。维生素 B_{12} 缺乏的人较少见。维生素 B_{12} 参与细胞的核酸代谢，与机体的造血过程有关。当维生素 B_{12} 缺乏时，血红蛋白浓度下降、细胞的平均容量增加，可诱发巨幼红细胞贫血，使氧的运输能力下降，影响最大有氧能力与亚极量运动能力，同时可使神经系统受到损害。⑥维生素 C 具有很强的还原性，参与氨基酸和蛋白质的代谢。体育训练使机体的维生素 C 代谢加强，短时间体育训练后血液维生素 C 的含量升高，但长时间体育训练后下降。不同的体育训练负荷后，无论血液中维生素量是升高还是下降，组织维生素 C 均表现为减少。当体育训练机体维生素 C 不足时，白细胞的吞噬功能下降。学生在过度练习时，血液维生素 C 的水平和白细胞吞噬功能都下降。维生素 C 还有提高耐力、消除疲劳及促进创伤愈合等作用。⑦维生素 E 具有抗氧化作用，促进了蛋白质的合成和防止肌肉萎缩等生物学作用，可提高肌肉力量。⑧维生素 PP 又叫烟酰胺，它是构成脱氢酶辅酶的成分，在机体代谢中起重要作用的辅酶Ⅰ（NAD+）和辅酶Ⅱ（NAP+）的组成成分中就含有烟酰胺。其在机体内的有氧和无氧代谢、脂肪和蛋白质代谢中起着重要作用，与运动者的有氧和无氧耐力有关。

5. 无机盐的补充

（1）铜是很多金属酶的辅助因子，参与多种代谢反应，当铜缺乏时，会影响人体对铁的动员和运输，出现小细胞性低血色素贫血。（2）红细胞的含锌量约为血浆的10倍，主要以碳酸酐酶和其他含锌金属酶类的形式存在。锌的主要功能在于它是多种酶的组成成分和激活剂，调节体内各种代谢，且锌可以影响睾酮的产生和运输。所以，它与体育训练能力之间具有非常密切的关系。（3）成人身体总铁量为3.5～4.0克。学生由于铁的需要量高、丢失增加，再加上摄入不足，普遍存在铁营养状况不良的状况。因此，学生膳食中应加强铁的摄入。（4）成人体内总钾量为117克左右，大部分存在于细胞内液，只有约2%存在于细胞外液。当血钾浓度降低时，就会造成脑垂体生长素输出下降，肌肉生长减慢。口服钾可迅速恢复生长素水平和促进胰岛素样生长因子水平。(5)硒是谷胱甘肽过氧化物酶的辅助因子，由于具有消除过氧化物、增强维生素E的抗氧化能力等作用，它与体育训练也有着非常密切的关系。学生硒的摄入剂量是推荐摄入量的4倍，每天约200毫克。

6. 液的补充

(1)补液的方法

①补液原则

预防性原则：预防性补充可以避免脱水的发生，防止体育训练能力的下降。少量多次原则：少量多次，可以避免一次性大量补液对胃肠道和心血管系统造成的负担加重。补大于失原则：为保持最大的体育训练能力和最迅速地恢复体力，补液的总量定要大于失水的总量，特别是钠的补充量一定要大于丢失的量。

②补液措施

在体育训练前进行补液：体育训练前补液中可含有一定量的电解质和糖，补充的量应根据具体情况而定，如在体育训练前2小时可以饮用400～600毫升的含电解质和糖的运动饮料。要少量多次摄入，每次100～200毫升，不要在短时间内大量饮水，否则会造成恶心和排尿，对体育训练不利。在体育训练中进行补液：体育训练中出汗量大，运动前的补液不足以维持体液的平衡，为了预防脱水的发生，有必要在体育训练中补液。体育训练中补液应采取少量多次的方法，可以每隔15～20分钟补充含糖和电解质的运动饮料150～300毫升，补液的总量不超过800毫升/小时。在体育训练后进行补液：体育训练后补液又称复水。学生在体育训练中补充的液体往往小于丢失的体液量，因此运动后要及时补液。体育训练后补液也要遵循少量多次的原则，切忌暴饮。补充的液体应为含有糖和电解质的运动饮料。补液中钠含量也会影响补液的需要量，当钠浓度高时，尿量会减少，因为钠离子在体内能留住水分，从而帮助体液的恢复，减少补液量。体育训练后的体液恢复以摄取含糖和电解质饮料效果最佳，饮料的糖含量可为5%～10%，钠盐含量可为30～40毫摩尔/升，以实现快速复水。

③补液的注意事项

不要在短时间内大量饮水，否则会造成恶心和排尿，对体育训练练习或比赛不利；一次补液过多，会造成学生的恶心和呕吐，甚至会使学生出现胃部不适；不要采用盐片补钠，盐片会刺激胃肠道，加重脱水，还可引起腹泻；不可只饮用白水，饮用白水虽然可一时解渴，但可造成血浆渗透压的降低，增加排尿量，延缓机体的复水过程。同时，暴饮白水还能稀释胃液，影响食欲和消化功能。

(2)运动饮料的要求

理想的运动饮料必须具备三个条件：第一，促进饮用；第二，迅速恢复和维持体液平衡；第三，提供能量，增进体育训练能力。所以，理想的运动饮料应含有适当的糖浓度、最佳的糖组合和多种可转运的糖，并具有合理的渗透压浓度以促进胃排空和小肠吸收，满足快速补充体液和能量的需要。

①饮料中的糖

饮料的糖含量应在4%～8%之间，可使用葡萄糖、蔗糖、低聚糖、短链淀粉等。低聚糖的吸收速度比单糖和双糖慢,可延长耐力项目中糖的供应时间。

②饮料的渗透压

体育训练中饮料的电解质和糖的浓度越大,则渗透压越大,使饮料在胃的排空过程减慢。由于汗液中电解质含量或渗透压低于血浆,因此当汗液在大量丢失时,血浆中的水分丢失相对电解质来说较多,所以补充的饮料应该是低渗性的或者等渗的。

③饮料中的钠盐含量

饮料中含少量钠盐有利于糖和水分的吸收,因此饮料中的钠盐含量一般低于汗液中的钠盐含量,钠含量约为20 ～ 60毫摩尔 / 升。

④饮料的温度

高温环境下饮料的温度应低于环境温度。5℃～13℃的饮料除有降低体温的功能外,口感上也有利于摄入。另外,过凉的饮料可能刺激胃部,引起不适。

三、高校体育训练的合理饮食

(一)合理饮食原则

高校应进行营养调查,了解学生营养状况,然后根据营养需要量安排饮食。一般来说,合理饮食有以下几个原则。

(1)饮食应供给必需的各种营养素和足够的食物量,以达到平衡饮食的要求,而且要易于消化和吸收,适应学生生长发育的需求。(2)让学生养成良好的进食习惯,同时饮食中的食物必须多样化,达到营养的全面吸收。(3)适应生活习惯与学习时间的要求,形成规律的饮食制度。(4)热量摄入要合理分配,在用餐时间、食物选择上有所区别,满足不同时段的不同需要。

(二)合理膳食配制

健康的饮食是根据自身特点合理配制而成的,合理饮食包括以下内容。

(1)主食以米饭为主。(2)多食用新鲜蔬菜和水果。(3)常食用植物性蛋白食物,如黄豆及豆制品等。(4)适量食用动物性蛋白食物,如肉、鱼、蛋等。(5)注意专项运动的专项补充等。

(三)合理饮食注意问题

1. 不偏食,不挑食

挑食和偏食与营养原则相违背。人体需要的营养应从品种众多的食物中摄取,人吃的食物越杂,摄入的营养就越丰富,适应生活环境的能力就越强。许多学生尚无健康饮食与保健养生的意识,他们有些喜欢吃某几种食物,有些根本不吃某几种食物,其实偏食和挑食对学生的生长和发育非常不利。

如果长期不吃肉食,则优质蛋白摄入减少;偏食荤菜,又会导致热能过剩及维生素、无机盐缺乏,易发生动脉粥样硬化。学生应充分认识到偏食对生长发育、身体健康和民族传统体育运动是十分不利的,要从主观上努力纠正不良的饮食习惯。

饮食要多样化,要有意识地在喜欢吃的食物中加些不喜欢吃的,或设法改变这种食物的烹调方法。

总之，参加高校体育运动的学生应摄入平衡饮食，即蛋白质、脂肪、糖类、无机盐和微量元素、维生素、食物纤维等，比例要合适，即米、面、蔬菜、肉、蛋、豆制品都应该吃，不能偏食。

2. 忌暴饮暴食

暴饮暴食就是一次吃喝得太多，超过正常饮食量的1倍或几倍。如暴饮暴食、进食量很大，胃液(胃液中含有促进蛋白质消化的蛋白酶和帮助消化和杀灭细菌的盐酸)不够用，胃里食物过多，将胃撑大，特别是油脂食物使胃的蠕动力降低，使不消化食物停滞不下，就会引起急性胃炎，出现上腹饱胀、腹痛、厌食、恶心和呕吐等。

倘若胃内食物量过大，胃壁细得过紧，使胃完全丧失蠕动能力，则会造成"急性胃扩张"。如果救治不及时，可能引起胃穿孔，危及生命。暴饮暴食还能引起胰腺分泌大量腹液。在短时间内消化酶骤增，引起胰腺自身消化，会患胆管疾病或急性胰腺炎，死亡率极高。

3. 避免食用过多的冷饮冷食

有些学生在体育训练后，为了解渴，会一次喝很多冷饮或吃很多冷食，虽然好像解决了问题，但是伤害了肠胃。这是因为体育训练后或身体很热时，肠胃道的血管处于收缩状态，大部分血液集中到参加运动的四肢肌肉中，或是到体表扩张的血管里，以利散热。加上胃受到冷饮冷食的刺激，易引起幽门痉挛，使水分容易积存在胃内，引起胃部闷胀不适。

同时，胃肠突然受到冷的刺激，容易引起胃肠血管痉挛及胃肠壁的平滑肌强直收缩，发生阵发性腹痛或腹泻和面色苍白等症状，这就是人们所说的胃肠痉挛。

4. 进食不宜太快

学生的食量较大，消化力强，进食很快，饥饿时进食更如狼吞虎咽。但这样会使食物在口中停留时间短，得不到充分咀嚼，牙齿未将食物充分研磨，唾液和食物也不能充分搅拌，起不到在口中消化一部分食物的作用，这必将影响消化，增加胃的负担。同样，有的学生喜欢加开水、加汤下饭，这也是不符合饮食要求的。

5. 不盲目追求高蛋白、高脂肪饮食

有的人盲目追求高能量饮食，大量食用牛奶、鸡蛋、面包，向欧美模式靠拢。其实，东西方饮食习惯的差异形成已久，东方式饮食所含的能量和蛋白质虽比西方饮食低，但东方人的体形和需求也较小，体内酶含量和消化液分泌量已与饮食结构适应。如盲目模仿，很容易造成消化不良和营养素的失衡。

6. 不要热食

有人认为热食可口，但是在使用过程中容易烫伤舌头、口腔黏膜和食管。过热食物对牙齿的正常生长发育也会造成损伤。同时，食管受热食伤害残留下的瘢痕和炎症会影响营养的吸收。所以，在进行体育训练时，学生要避免进食过热的食物。

7. 限制食盐摄入

每天食盐量超过正常限量可使血液循环量增加，从而使心、肾负担过重，这是诱发高血压病的病因之一。一般人每日食盐摄取为5～6克，经常参加体育训练的学生由于出汗较多，可以根据自身的需求进行专门的补充。

四、不同体育训练项目对合理营养的需求

在体育训练活动中，因各个项目代谢特点不同而对合理营养有着不同的需求。下面以几个具体训练项目中的例子进行说明。

（一）跑步的营养特点

短跑是群众体育竞赛活动中常设立的一个项目，它以力量素质为基础，以无氧代谢供能为特点，工作时间短、强度大，要求有较好的爆发力。因此，在膳食中要有丰富的动物性蛋白质，从而增大肌肉体积，提高肌肉质量，蛋白质的摄入量每日可达3.0克／千克体重左右。

要求在膳食中增加磷和糖的含量，为脑组织提供营养，改善神经控制和增强神经传递，动员更多的运动细胞参加收缩，还要求在膳食中增加矿物质的含量，如钙、镁、铁及维生素B_1，以改善骨肉收缩质量。

长跑以有氧耐力素质为基础，以有氧代谢供能为特点，要求有很高的心肺功能及全身的抗疲劳工作能力。虽强度较小，但时间较长，体力消耗较大。其要求膳食中有较全面的营养成分，增加机体能源物质的储备，在丰富的维生素、矿物质成分中突出铁、钙、磷、钠、维生素C、维生素B_1和维生素E的含量，从而提高有氧耐力。

（二）操类项目的营养特点

对于群众喜爱的健美操及在一些群众体育活动中开展的竞技体操、艺术体操等，其技巧、动作复杂而多样，要求有较强的力量与素质及良好的灵巧性与协调性，对神经系统有较高的要求。营养特点是高蛋白质、高热量、低脂肪，维生素、矿物质应突出铁、钙、磷的含量及维生素B、维生素C的含量。值得注意的是，参加该类项目有时为比赛需控制体重，但不能过分控制饮食，避免造成营养不良。

（三）球类项目的营养特点

球类项目对力量、速度、耐力、灵敏、柔韧等素质有较高的要求。食物中要含丰富的蛋白质、糖及维生素B_1、C、E、A。球的体积越小，食物中维生素A的含量越高。足球活动时间较长且在室外活动，矿物质、水分丢失较多，应及时补充。

（四）冰雪项目的营养特点

由于长时间在冰雪上活动，加之周围环境温度较低，机体通过产热过程增强以维持体温，因此蛋白质和脂肪消耗较多，膳食中必须给予补充。同时，增加糖类以提供能源，维生素以B类为主，并增加维生素A的摄入，保护眼睛，适应冰雪场地的白色环境。

（五）游泳项目营养特点

游泳项目在水中进行，机体散热较多、较快，冬泳更是如此。游泳锻炼要求一定的力量与耐力素质，要求膳食中含有丰富的蛋白质、糖和适量脂肪。老年人及在水温较低时，出于抗寒冷需要，可再增多脂肪摄入。维生素以B_1、C、E为主。矿物质能增加碘的含量，以适应低温环境甲状腺素分泌增多的需要。

（六）棋牌类对营养的需求特点

棋牌类是以脑力活动为主的项目，脑细胞的能源特质完全依赖血糖提供。当血糖降低时，脑耗氧量下降，工作能力下降，随之产生一系列不适症状，所以棋牌类项目对糖类有着特殊的需求，也可在下棋、打牌时随时补充。另外，膳食中应增加蛋白质和维生素 B_1、C、E、A 的供给，提高卵磷脂、钙、磷、铁的含量。膳食中应减少脂肪摄入，以降低机体耗氧，保证脑组织的氧供应。

五、体育训练后的膳食安排应注意的问题

（一）力量性练习后的膳食安排应注意的问题

在力量性练习时，如举重、健美、俯卧撑等运动，机体消耗的主要是蛋白质，而肌纤维的增粗、肌肉力量的增加也需要体内蛋白质的合成。所以，为了尽快消除疲劳，提高力量训练的效果，在进行力量练习后，应多补充蛋白质类物质。除要补充猪肉、牛肉、鱼、牛奶等动物性蛋白外，还要补充豆类等植物性蛋白，从而保证机体丰富而又多品种的蛋白质供给。

（二）耐力练习后的膳食安排应注意的问题

在耐力性练习时，如长跑、游泳、滑冰等运动，机体主要进行的是糖类物质的有氧代谢，消耗的主要是淀粉类物质，因此在运动后可适当多补充米、面等淀粉类物质。国外有些优秀运动员在进行耐力训练和在比赛前夕，会有意识地多补充含糖较多的物质，以增加体内糖的储备，提高训练效果，在比赛中创造优异的成绩。

（三）剧烈运动后的膳食安排应注意的问题

在进行较剧烈体育训练时，如球类比赛、快速跑、健美操等运动，机体主要靠糖的无氧代谢提供能量，在体内进行无氧代谢时，糖会产生一种叫乳酸的酸性物质，这种物质在体内的积累会造成机体的疲劳，并使身体恢复需要的时间较长。所以，在进行剧烈的运动后，应多补充一些碱性食物，如蔬菜、水果等，而动物性蛋白等肉类物质则偏"酸"，在运动后的当天可适当减少。

第二节 体育训练中的运动损伤及处理

一、运动性损伤的概念和分类

运动性损伤是指运动过程中发生的各种损伤。运动性损伤的危害较大，不仅可能使运动员无法正常地进行训练和比赛，还有可能导致运动员残疾或者失去生命。此外，在发生运动性损伤后，运动员会产生心理阴影，从而影响体育运动正常进行。

因此，在高校体育训练中，教练员必须熟悉和掌握运动损伤防治的基本知识。

（一）按受伤的组织结构分类

按受伤的组织结构分类，可分为皮肤损伤，肌肉、肌腱损伤，关节软骨损伤，骨及骨骼损伤，滑囊损伤，神经损伤，血管损伤，内脏损伤等。

（二）按时间分类

按时间分类，可分为新伤和旧伤。

（三）按损伤的病程分类

1. 急性损伤

直接或间接外力一次作用而致伤者，伤后症状迅速出现，病程一般较短。

2. 慢性损伤

陈旧伤，急性损伤后因处理不当而致反复发作；劳损伤，因为局部运动负荷量安排不当，长期负担过重超出了组织所能承受的能力；局部过劳致伤，症状出现缓慢，病程迁延较长。

（四）按性质分类

1. 开放性损伤

伤后皮肤和黏膜的完整性遭到破坏，受伤组织有裂口与体表相通。如擦伤、刺伤、切伤、撕裂伤及开放性骨折等。

2. 闭合性损伤

伤后皮肤或黏膜仍保持完整，无裂口与体表相通。如挫伤、关节韧带扭伤、肌肉拉伤、闭合性骨折等。

（五）按程度分类

1. 轻度损伤

伤后训练者仍能按计划参加体育训练。

2. 中度损伤

伤后不能按计划进行训练，须停止患部活动。

3. 重伤

受伤后不能训练。

（六）按运动技术与训练的关系分类

1. 运动技术伤

与运动项目、技术战术动作密切相关的损伤。如网球肘、投掷肘等多为局部组织过劳。

2. 非运动技术伤

多为运动中的意外伤。

二、运动性损伤的发生原因

在进行体育运动的过程中，学生往往受到某些因素的影响而发生运动性损伤。虽然运动性损伤的类别有很多，但是大多数运动损伤是可以预防的。因此，只要学生对运动性损伤产生的原因有一定的了解，并采取相应的措施，就能减少或避免运动性损伤的发生。

（一）外在原因

1. 科学训练水平不高

主要表现在许多新训练者在进行技术动作训练时动作不规范、不合理，主动肌与对抗肌收缩不协调及自我保护能力较低等。

2. 慢性劳损

慢性劳损是运动者身体局部过度活动、长期负重，或某部受到持续、反复的外力作用而造成的慢性积累性损伤。这种损伤一般在老运动员中发生较多。在人的腰部及反复受到牵拉、应力作用的骸骨部位，最容易发生慢性劳损，并且慢性劳损的运动保健作用病因很难去除，伤病也很难治愈。另外，慢性劳损还与不科学的运动训练、新伤的不彻底治疗及反复受伤有关。

3. 场地、器材条件

在体育训练中，场地、器材不适宜也是产生运动性损伤的一个重要因素。例如，场地滑或粗糙、灯光不适宜等很容易造成运动者摔伤和扭、拉伤。此外，运动者服装或鞋袜不合适也会导致意外伤害事故的发生。因此，对运动场地、器材条件也应引起高度重视。

（二）内在原因

1. 缺乏充分的准备活动和整理活动

运动者在比赛和训练前做好准备活动，也是预防外伤和内伤的一个非常重要环节。

2. 运动者生物学机能状态不佳

运动者在生物学机能状态不佳的情况下进行运动或者训练，也是导致运动性损伤的一个重要原因。例如，在过度训练、疾病、生物周期性低潮期、女运动者经期等情况下进行运动或训练，运动者往往很难集中精力，从而使动作协调性下降，肌肉、关节的本体感受性降低，竞技状态低下，进而造成运动性损伤。此外，在体育训练中，如果强度太大、运动量太大，也容易造成心血管、呼吸等系统的"内伤"。

3. 肌肉收缩力下降

在年轻运动者中，由肌肉收缩力引发的损伤比较常见。出现这类损伤的原因主要是运动者技术动作僵硬不合理、主动肌群和被动肌群收缩不协调，或身体大、小肌群力量的不匹配。在这种情况下，所受的损伤大多为撕裂伤或拉伤，累及部位多为肌腹、肌肉与肌腱的过渡部位及肌腱附着处。

三、运动性损伤的预防措施

为减少或避免运动性损伤的发生，须在运动之前采取相应的预防措施，进行积极预防。通过对众多体育训练项目的多方面分析，找出导致运动性损伤发生的原因，进而采取合理有效的措施，降低发生损伤的风险。

（一）加强安全教育

部分学生因对运动损伤认识不够或者在平时训练时没有按照科学的方法开展运动而产生损伤，还有一些因为主客观因素（如器材隐患、气候条件、技术掌握不全面等）而导致的事故、意外、突发偶发事件等无法预料和避免的损伤。所以，在平时教学和课外锻炼中，教师要贯彻预防为主的方针，多渠道开展学校安全教育宣传，把安全教育作为上课的一项内容。

（二）全面准确了解自身状况

在做预防工作之前，运动者对自身的健康状况进行全面的了解是必不可少的。了解自身的健康状况可以从体检和向有关专家咨询两个方面着手，这样能够有效地避免或者减少因身体条件所造成的运动损伤的发生。

在进行运动之前，做好充分的准备活动可以提高中枢神经系统的兴奋性，使其达到适宜的水平，加强各器官系统的活动，克服各种不良习惯，尤其是克服植物性功能的惰性。因此，要通过恢复全身各关节肌肉力量和弹性，并恢复因休息而减退了的条件反射性联系，为正式运动做好充分的准备。需要注意的是，准备活动的运动量和活动内容应根据具体的气候条件、个人各器官系统的功能状况和运动项目的情况而定。

（三）运动以提高身体素质为目的

在出现的运动损伤中，大部分是由运动者体能或体力差而引起的，因此运动者在运动前应根据自身的具体条件来调节运动情绪、运动负荷及运动时间等，可以根据自身的爱好来发展自身的能力，提高身体素质。这样不但可以有效地防止运动损伤的发生，还能提高自身的身体素质，增强自身对体育运动的喜爱程度。

（四）对抗性的运动锻炼时需要互助

在体育训练项目中，对抗性的运动较多，因而很容易发生冲突、摔倒等现象。对此，运动者应掌握自我保护的运动技巧，以防止出现损伤或减轻损伤的程度。比如，平时多向教师请教运动损伤的处理方法，并学会互相救助的方法，避免较大损伤的出现。互助也是一种重要的防护措施，在一些激烈的比赛中，由于人员的情绪高涨，很容易出现粗野的动作，也就相应地增加了出现损伤的风险，因此在运动中要有运动安全意识和良好体育道德，从而减少那些人为因素所产生的损伤。

（五）加强易伤部位的训练

对易伤部位和相对较弱部位加强训练，提高它们的功能，以达到预防运动损伤的目的。例如，为预防骰骨劳损，可用"站桩"的方法来加强股四头肌和骰骨的功能；为了预防腰部损伤，可以加强腰腹部的训练，提高腰腹肌的力量。

（六）合理安排教学、训练和比赛

教师要认真钻研教材、充分备课，应对教学、训练中的重点、难点可能会发生损伤的部位做到心中有数，同时必须从安全角度出发，做好体育课教学的组织工作。第一，规定学生穿运动鞋和运动衣上课，以免造成滑倒摔伤和不必要的拉伤。第二，清理上一节课所用运动场地的杂物、浮沙、尘土等，以免出现意外事故。第三，严格检查上课时所用的体育器材，教师在示范时，提前向学生讲清楚器材的功能及危险性，提醒学生注意，以防伤害事故发生。第四，规范动作要领，严明练习纪律，明确运动信号（如手势、哨声、口令等），以免出现因技术动作的变形、组织教学的失误和纪律性差造成学生拉伤、擦伤、脱臼等伤害事故。

（七）加强医务监督与运动场地安全卫生的管理

在进行运动时，运动者自身要做好自我医务监督，当发现身体有不良反应时，要认真分析原因，并且采取必要的保健措施，严格掌握运动值，不宜练习高难度动作。另外，对运动场地、器械设备及个人的防护用具要做好认真检查和管理，不要在不符合体育卫生要求的场地上或穿着不符合体育卫生要求的服装、鞋子进行运动等。

四、常见运动性损伤的处理

（一）挫伤

挫伤是指肌体某部受钝性外力作用，导致该处及其深部组织的闭合性损伤。在球类运动中，跑、跳等动作极易造成挫伤。例如，大腿的肱四头肌挫伤、小腿前部的骨膜挫伤、小腿后部的小腿三头肌挫伤、上肢挫伤、头部挫伤等，在挫伤发生后一般会出现肿胀、疼痛、皮下出血和功能障碍等症状。

处理方法：受伤后应马上进行局部冷敷、外敷新伤药等，并适当加压包扎，抬高患肢，以减少出血和肿胀。肱四头肌和小腿后群肌肉的严重挫伤多伴有部分肌纤维的损伤或断裂，若组织内出血形成血肿，应将肢体包扎固定后迅速送往医院诊治。

头部和躯干部的严重挫伤可能会伴有休克症状，应认真观察呼吸、脉搏等情况。休克，如果产生应首先进行抗休克处理，使伤员平卧休息、保温、止血、止痛，对疼痛严重者，可让其口服可卡因或肌肉注射哌替啶，并立即送医院诊治。

（二）擦伤

擦伤是指肌体表面与粗糙的物体相互摩擦而导致的皮肤表层损害。发生擦伤后一般会出现表皮剥脱、有小出血点和组织液渗出等症状。

处理方法：对于一般较轻、较小的擦伤，可以用生理盐水或其他药水冲洗伤部，涂抹红药水或紫药水，无须包扎，1周左右就可痊愈。一般情况下，较大的擦伤伤口易受污染，需用碘酒或酒精在伤口周围消毒。

（三）拉伤

拉伤是指肌肉受到强烈牵拉所引起的肌肉微细损伤、部分撕裂或者完全断裂。在体育训练中，比较常见的拉伤为大腿后群肌肉和小腿后群肌肉的拉伤。发生拉伤后一般会出现局部肿胀、疼痛、压痛、肌肉发硬、痉挛、功能障碍等症状。

处理方法：拉伤时应立即进行局部冷敷，加压包扎，并把患肢放在使受伤肌肉松弛的位置，从而减轻疼痛。肌肉、肌腱部分或完全断裂者应在局部加压包扎，固定患肢后马上送往医院诊治，必要时还要接受手术治疗。通常拉伤48小时后才能进行按摩，手法一定要轻缓。

（四）骨折

骨折是指骨的完整性遭到破坏的损伤。骨折分为闭合性骨折、开放性骨折和复杂性骨折。闭合性骨折是指骨折处皮肤完整，骨折端不与外界相通。开放性骨折是指骨折端穿破皮肤，直接与外界相通，这种骨折极易感染，易发生骨髓炎与败血症。复杂性骨折是指骨折断端刺伤了血管、神经等主要的组织与器官，发生严重的并发症，引发危及生命的一些症状。具体处理方法如下。

（1）骨折固定前最好不要移动伤肢，以免增加伤员的痛苦，加重伤员伤情，应尽快固定伤肢，限制骨折断端的活动。对于大腿、小腿和脊柱骨折应就地固定。（2）如果有休克和大出血等危及生命的并发症时，应立即抢救休克和止血，采取简要的止休克措施。（3）对有伤口或开放性骨折的伤员，首先要止血，止血多采用止血带法和压迫法，然后用消毒巾或纱布包扎，之后及时送到医院治疗。同时应注意，对已暴露在伤口外的骨折断端不要放回伤口内，以免引起感染，也不可任意去除。（4）使用固定用具，长短宽窄要合适，长度须超过骨折部的上、下两个关节，夹板与皮肤之间要有垫衬物固定，先固定骨折部的上面和下面，再固定上、下两个关节。（5）伤肢固定后要注意保暖，检查固定得是否牢靠。在对四肢进行固定时，要观察肢端是否疼痛、麻木、发冷、苍白或青紫，如果出现这些情况，说明包扎过紧，需放松一些。

（五）撕裂伤

撕裂伤是指受到物体打击而引起的皮肤和皮上组织均出现规则或不规则的裂口。

处理方法：对受伤较轻者，可先用碘酒或酒精消毒，然后止血，再用消毒纱布覆盖，并适当加压包扎。如果不能制止出血，应尽量在靠近伤口处按规定缚以止血带，立即送医院治疗；当伤口较深、较大、污染较严重时，应立即送医院进行清创缝合手术，并口服或注射抗生素药物预防感染，同时按常规注射破伤风抗霉素。

（六）关节扭伤

关节扭伤是指在运动中关节发生异常扭转，引起关节囊、关节周围韧带和关节附近的其他组织结构损伤。发生关节扭伤时一般会出现关节及周围疼痛、肿胀，有明显的压痛感觉、关节活动障碍等症状。

处理方法：急救时，应仔细检查韧带是否部分撕裂或完全断裂，关节是否失去功能，注意以冷敷、加压包扎或固定关节为主，外敷活血止痛的药物。当受伤严重时，马上送往医院做进一步的诊治。

（七）关节脱位

关节脱位是指关节面失去正常的联系。发生关节脱位时，通常伴有关节囊撕裂、关节周围的软组织损伤或破裂。关节脱位后，受伤关节疼痛，有压痛和肿胀，关节功能丧失，受伤的关节完全不能活动，出现畸形，关节内发生血肿。如果关节复位不及时，血肿会机化而发生关节粘连，增加关节复位的困难。如没有修复技术，关节脱位后不可做修复回位的手术，以免加重损伤，应马上用夹板和绷带在脱位所形成的姿势下固定伤肢，尽快送往医院治疗。

处理方法：发生肩关节脱位时，取两条三角巾分别折成宽带，一条悬挂前臂，另一条绕过伤肢上臂，于肩侧腋下缚结；肘关节脱位时，要用铁丝夹板，弯成合适的角度，置于肘后，用绷带缠稳，再用小悬臂带挂起前臂，也可直接用大悬臂带包扎固定。

（八）腰部肌肉筋膜炎（腰肌劳损）

腰肌筋膜炎病理改变有很多种，包括神经、血管、筋膜、肌肉、脂肪及肌腱的附着区等不同组织的变化。大多是由于急性扭伤腰部后治疗不彻底就参加运动，逐渐劳损所致。另外，锻炼中出汗受凉也是重要成因之一。腰部肌肉筋膜炎的症状主要有局部酸疼、发沉等自发性疼痛和练习前后疼痛等。

处理方法：可以采用理疗、针灸、按摩、封闭、口服药物、用保护带（围腰）及加强背肌练习等非手术治疗手段；顽固病例可采用手术治疗。

（九）脑震荡

脑震荡是头部受到暴力作用使神经细胞和神经纤维受到震荡而出现一时性的意识和功能障碍，且多无明显的解剖病理改变。损伤症状：有精神恍惚或意识丧失（时间：数秒或30分不等）；呼吸表浅、脉率缓慢、肌肉松弛、瞳孔扩大但左右对称、神经反射减弱；清醒后，短时间内反应迟钝，出现"逆行性健忘"。此外，还伴有头痛、头晕、恶心或呕吐等症状。

处理方法：伤员安静平卧，头部冷敷，并注意保暖；对于昏迷者，刺激其人中、内关、涌泉等穴位，对于呼吸障碍者，应对其进行人工呼吸；昏迷超过5分钟，瞳孔扩大且不对称，耳、鼻、口出血及眼球青紫，清醒后有剧烈疼痛、喷射式呕吐或者再次昏迷者，说明脑组织损伤或继发颅内压增高，应立即送往医院抢救；患者清醒仍须卧床休息，直到头痛、恶心等症状完全消失，以免引起后遗症；伤员康复后，可用闭目举臂单足站立平衡试验来判断能否参加体育活动。

（十）肩周肌腱劳损

肩部劳损包括肩部肌腱炎、肩关节不稳定及肩撞击综合征。这三种问题的发病原因与病理是相关联的，三个症状也有可能同时存在。肩部劳损是重复的超负荷动作使肩周的肌腱、肌肉反复受到刺激而受损，患处会发炎肿痛，活动时加剧。另外，肩部运动幅度过大、动作力度过大、肩部动作频率太高等也会引起肩周肌腱劳损。典型病症是打球后出现局部肌肉肿痛现象及将手臂慢慢抬高时感到痛楚甚至困难，如肌腱撕裂会感到软弱无力。

处理方法：物理治疗的目标主要在于令肩关节恢复原来的活动幅度、肌肉力量及耐力。另外，肌肉的控制、姿势及技术等都应注意。运动要在无痛的适度范围内进行，特别要注意的是旋袖肌及胸胛肌的控制而非仅仅是训练力量，有需要的时候，治疗师会利用粘膏带及生物反馈器帮助学生运动。

第三节 体育训练中的自我监督

体育训练中的自我监督是指体育锻炼者对自身的健康状况、身体反应、功能状况等进行自我观察和检查的方法。自我监督有利于体育训练者对运动量大小做出间接评定，从而合理安排运动负荷，避免运动性损伤和运动性疾病的发生。自我监督分为以下两大部分。

一、主观感觉监督

（一）精神状态

体育训练者的精神状态包括两个方面，即正常感觉和不良感觉。前者主要表现在运动后疲劳消除较快，功能恢复较快，精神饱满，无全身不适感；后者主要表现在运动后四肢无力、肌肉酸痛、关节疼痛、头痛、恶心，甚至呕吐、头晕、气喘、心前区憋闷、上腹部疼痛等，这多是身体健康状况不良或者运动量过大的表现。

（二）训练心情

体育训练心情可分为渴望训练、愿意训练、不愿意训练三种，主要反映指标为有无训练欲望。如果有训练的欲望则表明身体的机能状况良好。当身体机能正常时，机体状况表现为精神饱满、体力充沛、渴望训练。如果健康状况不佳或过度训练时，就会出现心情不佳、厌烦情绪。当参加紧张训练和比赛有惧怕心理时，表明运动者运动心情不好。

（三）睡眠

睡眠是反映神经系统功能状态的指标。睡眠状态良好，表现为入睡快，醒后精力充沛；睡眠状态不好，表现为入睡迟、夜间易醒、失眠，醒后仍有疲劳感。如果长期睡眠不好，说明运动负荷已超过了机体的负担能力，或机体已过度疲劳，应及时对训练进行调整。

（四）食欲

食欲是反映中枢神经系统是否疲劳的重要指标。训练适当，运动后能量消耗大，食欲良好，想进食，食量大，训练过度，运动后不想进食，食量减少，并且在一定时期内不能恢复食欲，这些均表明中枢神经系统已经疲劳。

（五）出汗量

在训练时，出汗量的多少与运动量、训练程度、饮水量、空气温度与湿度、衣着厚薄及个体的神经系统状况密切相关。在观察出汗时，应当特别注意是否有盗汗。

盗汗即夜间睡眠中出大量冷汗的现象，是自主神经系统功能紊乱或身体疲劳的表现，也是内脏器官患病的征兆，应予以高度注意。一般来说，在训练期间，如果其他条件相同，出汗多则表明技能水平下降。

总之，训练中的自我感觉是训练者在训练中最直观的反应，有利于观察者及时发现问题，尽早查明原因，及早采取有效措施。在训练实践中，个体可以根据具体情况填写并做好主观感觉记录，从而为训练的调整提供依据（表7-1）。

表 7-1　自我感觉填写（周表）

	训练心情	排汗状况	食欲状况	睡眠状况	营养补充状况	对训练负荷的承受力	有无运动性疾病	有无训练损伤发生
周一								
周二								
周三								
周四								
周五								
周六								
周日								

二、客观感觉监督

（一）脉搏

正常人的脉搏和心率是一致的。脉搏的频率与年龄、性别、运动、情绪、休息和睡眠密切相关。一般来说，脉搏和训练水平有关。

在早晨安静时（平卧或静坐），健康青少年脉搏一般为68 ~ 82次 / 分。

经过一段时间的锻炼后，心脏机能增强，脉搏会逐渐减少，1个月后可减少到65 ~ 72次 / 分。在运动量适宜时，训练后1小时内脉搏即可恢复到训练前水平；在运动量较大时，经过一夜的休息，次日凌晨脉搏可恢复正常；在运动量大时，运动过程中脉搏可达到140 ~ 180次 / 分，运动结束1小时后恢复为90 ~ 100次 / 分，次日可恢复到80 ~ 90次 / 分。以上三种情况都属于生理性疲劳。若次日早晨脉搏仍维持在90 ~ 100次 / 分或者更高，则说明前一天的运动量过大，机能反应不良，疲劳未能消除或者存在感染，应适当减少运动量。

（二）体重

体重可以综合反映人体肌肉、脂肪、内脏器官及骨骼等生长发育情况，是评定学生身体发育的基本标准之一。健康青少年的体重是相对稳定增长的，而健康成人的体重是相对稳定的，1个月内体重增减不超过3千克。运动训练或比赛后，体重会有一定程度的下降。体重下降的幅度和运动强度、运动持续时间成正比。通常，经过系统的体育运动后，体重变化呈现以下三个特点。

第一阶段：经过一段时间的训练或比赛，机体会因失去过多的水分和脂肪而导致体重有逐渐下降的趋势，一般下降2 ~ 3千克，持续下降3 ~ 4周。体型较胖或参加系统训练前较少活动者，体重下降的幅度可能更大一些。

第二阶段：体重处于稳定时期，运动后体重减轻，但是在1 ~ 2天内得到完全恢复。这个阶段持续5 ~ 6周以上。

第三阶段：长期坚持训练会使肌肉等组织逐渐发达，体重有所增加，并保持在一定的水平上。如果发现体重减轻了2～3千克以上,则可能是运动量太大。如果减少运动量,体重仍不能回升,应去医院检查。

在训练期间,如果体重持续下降并伴有其他异常情况,如睡眠失常、情绪恶化等,很有可能是由于早期过度训练、身体患有慢性消耗性病变(如肺结核、甲状腺功能亢进等)或热能不足等因素引起。进行大运动量训练的运动员在停止训练后体重增加是正常的生理反应,但是如果体重逐渐增加,则表明运动量小及热量累积过多。

(三)运动成绩

一般,进行科学合理的体育训练能够逐渐提高运动成绩,并使其保持在较高水平。从运动医学的角度来看,运动成绩长期不提高或下降主要反映身体机能状况不良和早期过度训练两个方面的问题。

第八章 体育运动健康训练水平的提升策略

第一节 健全训练条件

高校体育训练是竞技体育和高等教育的重要组成部分。在高校开展体育训练对促进大学生体质健康与全面发展、丰富学生的课余文化生活、培养优秀竞技体育人才、营造良好的校园体育文化氛围及提升高校的影响力等均具有重要作用。当前我国高校体育训练存在诸多问题，严重制约了高校体育的发展和优秀体育人才的培养，因此迫切需要采取科学有效的策略来解决问题，提升高校体育训练水平和质量。

一、改革和完善高校体育训练体制

高校体育训练是否科学、系统，训练效果是否良好，很大程度上是由高校课余体育训练体制因素所决定的。高校课余体育训练体制如果是完整而有效的，那么就有助于对体育人才的挖掘与培养与高水平运动队的组建，促进我国竞技体育的发展。世界体育强国对高校体育训练体制的建立与完善都非常重视，积极从本国国情和高校实际出发而建立课余训练体制，并随着国家竞技体育的发展情况及高校训练环境的变化而调整训练体制，使之不断适应现状，不断完善。我国要提高高校体育训练水平，也要高度重视对高校课余体育训练体制的改革与完善，不但要将高校相关体育组织和部门的作用充分发挥出来，还要对现有训练机制中不合理的结构问题进行改革，尤其要对人事分配制度和比赛制度中不合理的地方进行改革，并促进运动员人才市场机制的不断健全，建立与完善俱乐部训练体制，进一步明确训练目标、更新训练理念、畅通训练信息渠道、加强训练后勤保障，为高校体育训练的正常进行和训练水平的提高提供重要体制保障。

二、改善高校体育训练物质条件

随着高校体育训练科学化水平的不断提升，训练物质条件对提高训练效果起到的作用越来越明显。改善高校体育场馆设施条件，更新训练仪器设备对于提升运动员的训练成绩具有重要意义。

在改善高校体育训练物质条件的过程中，要注意将新科技手段融入传统物质设施建设中，实现传统训练环境与新科技的融合发展，对信息化、系统化、网络化的体育训练物质环境进行创建。新的体育训练物质环境中还应有新的反馈系统，不断吸收先进的训练设备，推广和应用3D、VR等技术，将更加全面化、立体化和动态化的训练反馈呈现于运动员面前。比如，将3D技术应用于运动员训练中，将运动员的训练过程和标准3D视频进行同步比较，使运动员了解自己的真实训练情况，从不同角度发现自身的问题，使自己的各个技术环节得到更直观的反馈与呈现。再如，将虚拟现实技术运用于高校体育训练中，使大学生运动员和专业优秀运动员共同训练或进行实战对抗，在虚拟现实赛场中录入双方的训练或比赛数据，使运动员获得真实的比赛体验，更好地理解自己在比赛中的角色。可见，将先进科技设备引进高校体育训练中，对提高训练的科学化水平和训练效率具有重要意义。

三、提高教练员的指导水平

高校体育训练水平的高低与教练员的训练指导水平直接相关，教练员自身的专业执训能力对大学生运动员训练成绩的影响是最为直接的，某种程度上教练员的执训水平直接决定着运动员的训练水平。因此，必须高度重视对优秀教练员的培养，加强对教练员的专业培训，提高教练员的专业指导水平和业务能力。当前，我国高校体育教练员队伍的整体素质并不高，有的直接是由体育教师担任教练员，很多教练员入职后没有参加过任何形式的培训和进修，训练理念落后，训练方法单一，严重影响了训练效果。甚至一些高水平运动队的教练员都没有达到真正意义上"专业教练"的标准。总之，高校教练员队伍整体水平不高。因此，必须加强对教练员的专业培养，通过职前培养、入职培训、在职进修三个方面来建设一支优秀的教练员队伍。在教练员专业培养与培训中，既要培养教练员的执训能力，又要培养其运动训练管理能力、组织竞赛的能力，同时还要培养其良好的职业道德，最终促进教练员综合能力的提升。

教练员培训制度在我国正式实行已有多年的历史，我国的教练员培训制度比较完整，该制度对提升教练员的专业水平和综合能力起到了重要的促进作用。但因为我国高校教练员数量多，整体水平不够高，原有培训制度不能适应和满足当前高校体育训练发展的需要，因此必须加强对教练员培训范围与方式的拓展和优化，具体要注意以下几个问题。

第一，为专项特长突出的教练员或体育教师提供进修机会，使其参加国家有关部门举办的教练员专业培训活动，实现由"教师型"教练向"专业教练"的转变。

第二，聘请专职教练，减轻体育教师的负担，为本校体育教师与外聘优秀专职教练提供交流的平台和机会。

第三，鼓励同一项群不同项目教练员相互沟通与交流，使之共同学习与进步。

四、建立健全的教练员考核与评价制度

现阶段，我国高校课余训练缺乏健全的评估体系，对于课余训练、运动队、教练员队伍的管理不够系统，后勤管理不受重视。在评估体系内存在的种种问题中，对教练员考评不规范和不全面是最为突出的问题之一。一直以来，高校只是在某次运动会结束后或参加完某次比赛后参照运动成绩来对教练员进行结果性考评，注重结果，忽视过程，以成绩作为评价标准，这样容易进入"唯成绩论"的训练误区，易在日常训练中盲目加大运动量，忽视其他素质的培养。可见，单纯从运动成绩出发对教练员进行评价是片面的，虽然这种考评方式能够引起教练员对日常训练的重视，但也容易造成教练员除执训能力

之外的其他素质发展受限的局面。因此，要进一步建立健全教练员考评制度，做好以下工作。

第一，有的教练员也同时承担体育教师的职责，为减少教练员的工作负担，应适当减少教学量，累计教学与训练的工作量，使教练员将教学与训练工作做好、做精，提升体育教学和训练的水平。此外，还要注意对教练员科研能力的考核，考核成绩直接影响职称评比和福利待遇水平。

第二，检查教练员制订的训练计划是否科学、合理、完善，在计划实施中定期检查效果，使教练员做好训练工作总结，提升教练员的责任感。训练计划及其实施的检查结果直接影响对教练员的考评结果。

第三，坚持实行岗位聘任制，充分发挥竞争机制的作用，录用优秀的教练员。

第四，做好教练员在职培训工作，通过培训使教练员不断更新自己的训练理念，充实训练知识，学习先进的训练方法和经验，从而提高训练水平。教练员参加培训的情况也要纳入考核范围，评价教练员经过培训获得的进步和取得的收获。要将教练员培训作为一种有意义、有价值的投资，从而取得良好的训练效益和社会效益。

五、提高运动员的文化水平

大学生运动员体育训练是身体活动和脑力劳动的有机结合，参加训练和比赛既要做大量的身体活动，也要进行必要的思考，而且要运用自己掌握的知识去捕捉和理解训练与比赛中教练员发出的每个"信号"，这就需要运动员具备一定的文化水平。如果运动员只是运动能力强，但缺乏良好的文化素养，那么不但会影响训练和比赛，也会严重阻碍退役后的就业之路。目前，我国在竞技体育人才培养中逐渐认识到了运动员文化教育的重要性，提出文体并重、体教结合的培养模式，全面培养运动员的文化素质和运动素质。高校体育训练中也要注意对运动员文化素养的培养，提升运动员的文化水平，为运动员未来就业打好基础。

对高校大学生来说，学习永远是第一位的，学校课余体育训练的特点也说明了学习的重要性。如果高校体育教练员一味强调训练，对运动员的文化学习毫不关心，甚至占用运动员的文化学习时间，那么他就不是合格的教练员。现在我国高校教练员队伍中追求比赛成绩、忽视文化教育的教练员并不少，这严重制约了高校课余体育训练的持续发展，使课余体育训练之路变得越来越狭窄。

近年来，我国教育部和体育部都很关注运动员的文化教育，大力改革运动员文化教育体制，对多元化教育体系进行构建，从运动员的特殊性出发探索文化教育的科学方法，对教育内容、方法及形式进行改进，并采取多项措施来保障运动员文化教育工作的落实，从而有效维护了运动员的受教育权利，满足了运动员的文化学习需求，提升了运动员的文化水平，为运动员将来的就业与发展奠定了良好的基础。

为避免课余训练占用文化学习时间，高校体育教练员应加强对训练方法的改进，对训练节奏进行调整，促进训练效率的提高，这样既能提高训练水平，也不耽误运动员学习文化知识。此外，教练员要与文化课教师做好沟通，共同加强对运动员文化学习的管理，共同监督其文化成绩。

第二节 合理安排训练计划

一、不同类型训练计划的安排

(一)区间性多年训练计划

区间性多年训练计划是对两年或两年以上一个特定时间段的训练所设计的计划。根据2年一届的世界大学生运动会和每4年一届的全国大学生运动会,结合高校课余训练的特点,可以设计2~4年的区间性训练计划,然后根据区间性多年训练计划设计年度训练计划、阶段训练计划、周训练计划及课训练计划。

(二)年度训练计划

年度训练计划是教练员组织训练中的重要文件,是落实多年训练计划的基本单位。在年度训练工作中,根据重大比赛次数来决定单周期、双周期和多周期安排。每个训练周期是根据竞技状态的形成规律,即竞技状态的形成、保持与消失三个阶段来设计的。对于高水平运动员,由于一年中重大比赛次数较多,竞技状态的三个阶段不那么明显,但对一般的学生运动员,还是有必要进行三个阶段的划分。根据竞技状态的形成规律,年度训练计划可分为准备期(一般准备阶段和专门准备阶段)、比赛期(包括赛前训练阶段和赛中训练阶段)和过渡期三个阶段。

表8-1 竞技状态的阶段性发展与周期划分

竞技状态发展过程	生物学基础	训练任务	训练时期
形成	适应性机制	提高竞技能力,促进竞技状态的形成	准备期
保持	动员性机制	发展稳定的竞技状态,参加比赛创造好成绩	比赛期
消失	保护性机制	积极恢复,消除心理、生理疲劳	恢复期

1. 年度训练时间分配

一般在年度训练的每个大周期中准备期比比赛期长,准备期中的一般准备阶段比专门准备阶段长。表8-2是单周期及双周期各阶段的时间分配。

表8-2　年度训练中单周期、双周期的时间分配

周期类型	准备期		比赛期		过渡期
	一般准备	专门准备	赛前	比赛	
单周期	6～7个月		4～5个月		1～1.5个月
	4个月	2.5个月	2～2.5个月	1～1.5个月	
	7～8个月		3～4个月		
	4.5个月	3个月	1.5个月	1个月	
双周期	3～4个月		1～2个月		0.5～1个月
	1.5～2个月	1.5～2个月	1个月	1个月	
	3.5～4.5个月		1～1.5个月		
	2～2.5个月	1.5～2个月	1个月	1个月	

2. 各阶段训练任务和训练负荷

（1）准备期

促进运动员竞技状态的初步形成，使竞技能力各结构要素有机结合，这是准备期的主要训练任务。

一般准备阶段以身体训练为主，促进运动素质的全面提升与协调发展，重点对基本技术能力和协调能力进行培养。

在一般身体训练的基础上向以专项素质训练和专项技术提高为主要内容的专门准备阶段过渡，同时要注意对心智技能的培养和战术能力的培养。

对于一般准备阶段和专项准备阶段的负荷进行合理安排，处理好两个阶段的负荷衔接关系，从而整体提升运动员的竞技能力，满足专项需要。

（2）竞赛期

促进运动员专项竞技能力的发展，使其将自身竞技实力充分展现在比赛中，取得理想的比赛成绩，这是竞赛期训练的主要任务。

竞赛期主要进行专项体能训练，一般体能训练内容较少，技术训练主要采用完整训练法，加强对技术细节的巩固与完善。模拟训练在竞赛期训练中运用较多，从而促进运动员技（战）术运用能力及心理适应能力的提升。

竞赛期训练负荷的特点是减少运动量，增加运动强度，将恢复训练融入其中。

（3）过渡期

竞赛期以消除疲劳、使身心状态恢复正常为主要任务，目的是为后面的训练做准备。

训练安排主要进行一般训练，休息方式以积极性休息为主。

（三）阶段训练计划

阶段训练也叫中周期训练，是大周期训练的基本单位，时间从数周到数月不等。中周期训练又由多个小周期训练组成。从训练阶段和训练任务出发，可以将中周期训练划分为以下4个类型。

1. 基本中周期训练

以促进运动员身体机能水平提高和身体素质发展为主要任务，同时要发展基本技术能力和运动心理能力，打好比赛基础。

2. 赛前中周期训练

以解决训练中的问题，弥补不足，促进竞技能力各要素协同发展为主要任务。

3. 比赛中周期训练

以做好赛前准备，达到并保持最佳竞技状态为主要任务。

4. 恢复中周期训练

以消除疲劳、促进身心恢复为主要任务。可以在两个中周期训练中安排恢复训练，调整身心状态。

在阶段训练计划的制订中，要以训练任务和运动员实际水平为依据而对中周期内部各个小周期的顺序、节奏及顺序负荷进行合理安排。如一个中周期是由6个小周期构成的，那么这些小周期的训练负荷有多种组合方式。

（四）周训练计划

周训练计划也是小周期训练计划，这类训练计划在高校体育训练中最为常见，也是高校体育训练计划中非常典型的一种计划。大周期和中周期训练计划都是通过小周期这个基本单位的训练而落实的。周训练计划对一周内每天的训练任务、训练内容、训练方法与手段及训练负荷做了规定。周训练计划为期一周，时间跨度并不长，所以教练员设计起来比较容易，而且也容易控制训练过程。一周的训练中，每天的训练课次数和训练负荷基本是逐渐增加的，这样安排是为了促进运动员运动能力的持续提升。高校教练员都比较重视对周训练计划的设计与应用，通过对小周期训练而逐步实现长远目标。

高校课余训练的周计划因为课余训练本身的特点而并不一定都是为期7天的训练，可以比7天多，也可以比7天少，要根据具体情况而安排。如果比赛需要4天时间，那么赛前周训练的安排可以由7天缩短为4天，如果不考虑比赛时间，而且训练任务艰巨，那么也可以将7天的周训练延长为8～10天的小周期训练。所以说，小周期训练的时间跨度并不一定都是7天，可以是4～10天不等。

小周期训练计划一般包括5种类型，不同类型小周期训练计划的训练任务、训练内容及训练负荷安排有所区别。对各类小周期训练计划的具体分析如下。

1. 引导小周期

（1）主要任务

正式的训练要求运动员处于一种适度紧张的状态，这种状态不仅是心理上的，也体现在身体机能上，往往要在准备期的开始阶段来引导运动员达到这种适度紧张状态，这也是引导小周期训练的主要任务之一。运动员经过前一个训练周期最后的恢复阶段后，身心机能放松，在新的训练周期中要立即进入紧张状态是比较难的，所以要通过引导小周期的安排来引导运动员的身心机能进入适度紧张的工作状态中。事实上，引导小周期的训练常被教练员和运动员忽视，如省略这个阶段直接进入准备性小周期的训练，那么将会影响正式训练的效率和实际效果。

（2）训练内容及负荷

在引导小周期可安排丰富多样的训练内容，以一般身体训练为主。训练负荷以中小负荷为主，训练量循序渐进地增加，训练强度保持在55%～75%范围内。应采取丰富有趣的训练方法进行训练。

2. 准备性小周期

准备性小周期包括下列两种类型。

（1）一般准备小周期

①主要任务

以促进运动员一般身体素质的发展，为了良好竞技状态的初步形成而做好体能准备为主要任务，进而促进竞技能力的提升。训练内容以一般性训练为主，这类准备性小周期的训练负荷通常设定为70%～80%。

②训练负荷

准备性小周期的训练负荷整体都比较小，而且呈现出从"加量"到"加强度"的负荷变化趋势。根据这一特点，一般准备小周期训练中的负荷特点表现为"负荷量增加，负荷强度不变或降低"。

（2）专门准备小周期

①主要任务

积极发展专项体能和专项技能，提高机体对训练的适应性，完成从一般性训练向专项化训练的转化，为顺利过渡到比赛期训练打好基础。负荷强度达到80%～95%，以专项训练为主。

②训练负荷

负荷安排的特点是"负荷强度增加，负荷量保持或降低"。

无论是哪种准备性小周期，均可采用"保持一定的负荷量和一定的负荷强度"的负荷安排方式。由于准备性小周期数量多，时间跨度大，在高校课余体育训练中普遍采用周训练负荷的两段式结构安排，即把周训练主要分为前后两半，前一半和后一半负荷内容、负荷量、负荷度的安排较为相似，而中间则安排较小的负荷或积极性休息作为调整。

需要指出的是，为使课余训练尽量少影响学生的文化学习，可将周三和周四作为调整日。同时，也尽量把大负荷训练课安排在周六日。总之，应当根据大学生的具体情况来安排周训练计划。

3. 赛前训练小周期

（1）训练任务

赛前训练周是重大比赛前的专门准备性训练周。主要任务是使运动员的机体适应比赛的条件和要求，即把运动员在长期训练过程所获得的竞技能力各要素集中到专项比赛所需的特定方面，以便在比赛中创造优异的成绩。根据实际情况可安排一周或数周。

（2）训练内容和负荷

训练内容更加专项化，增加专项身体训练、专项技（战）术训练和专项心理训练，并努力提高练习的稳定性和成功率，采用一些更加接近专项比赛的训练方法。

在这一阶段增加负荷强度，但是不能同时增加负荷量。应重视课前准备活动的质量，加强训练后的恢复。恢复性训练课约占所有训练课数量的1/3。

4. 比赛小周期

（1）主要任务

为运动员形成最佳竞技状态做直接的准备和最后的调整，并参加比赛创造优异成绩。比赛周是以比赛日作为最后一天，并向前数一周计算的。根据项目比赛特点及其他情况，比赛周也可延长至10天。

（2）训练内容和负荷

根据超量恢复的原理来安排训练内容，根据机体承受不同性质负荷后完全恢复所需的时间将无氧训练、速度训练、力量性训练及高强度的专项训练安排在比赛前3～5天内，而把有氧训练、中低强度的一般身体训练和一般技（战）术训练等安排在比赛前的1～3天内。

5. 恢复小周期

（1）主要任务

通过降低训练负荷和采取各种恢复手段，消除了运动员身心疲劳，尽快实现超量恢复。通常在下面两种情况下需要安排恢复小周期。

第一，在参加比赛后，运动员身心处于极度疲劳状态，需安排一至数个恢复性小周期。

第二，在进行两个强度周的训练后安排一个恢复周，即"练二调一"的模式。

（2）训练内容和负荷

训练内容广泛而灵活，把积极性恢复训练和睡眠休息相结合，同时注意营养补充的均衡性。多进行一般身体练习和趣味游戏练习，负荷强度较低，可以灵活调整负荷量。

（五）课训练计划

课训练计划是构成大周期、中周期和小周期等计划最基本的实施方案。课训练计划的质量直接影响训练效果。一节训练课的时间长短不一，短的仅为半小时，长的可达4～5个小时。高校高水平训练队的课时训练时间可适当延长。

1. 训练内容

根据训练课的目的、任务、运动员身心情况、场地器材条件及气候特征等来安排训练内容。

（1）身体训练

把速度、力量、最大力量、协调性的练习放在课的前面，把速度耐力、力量耐力等放在后面。

（2）技（战）术训练

把技术结构复杂、难度大和战术思维复杂的练习放在前面，把巩固性、实践操作性的练习放在后面。注意训练方法手段的多样性及训练环境的宽松与和谐性。

2. 负荷安排

按照人体生理机能活动能力的变化规律和心理活动的变化规律来安排负荷,同时,根据训练课的目的、任务及运动员的实际状况等因素来调整训练负荷。

二、合理安排训练计划的注意事项

(一)科学性和合理性

训练计划是对训练过程加以控制的基础,同时也是科学化训练的保证。因此,训练计划的制订必须围绕训练目标来进行。制订训练计划,要充分了解运动员的起始状态,严格遵循运动训练的客观规律、原理、原则和要求,并考虑运动训练组织实施的各种客观条件。教练员应认真钻研和设计各种类型的训练计划。在多年和年度训练计划的设计中,应特别重视计划的指导性部分(划分训练阶段,安排训练时间、各阶段任务、比赛序列、各阶段负荷等),在周课训练计划的制订中应重视计划的实施性部分(选择训练内容、方法和手段,确定各训练手段的负荷要求等)。

对各类训练计划的制订都要达到科学性和合理性要求,具体分析各类计划设计中要注意的事项。

1. 大周期(或年度)训练计划

制订大周期训练计划要注意以下几个要点。

(1)制定合理的训练目标,使运动员通过努力可以达到目标。(2)考虑季节气候的变化。(3)充分了解有关运动项目的各种信息,掌握运动的发展趋势。(4)善于总结上一个大周期训练中存在的优点和不足,以免出现同样的错误。(5)教练员之间加强交流,以确定整体训练环境的和谐。

2. 中周期训练计划

制订中周期训练计划要注意以下两点。

(1)充分考虑大周期计划的目标、任务和要求。(2)考虑内部小周期之间的衔接。

3. 小周期训练计划

制订小周期训练计划要注意以下几点。

(1)把中周期训练计划的任务具体落实周训练计划中。(2)每次课之间不仅考虑大小负荷的搭配,还应考虑运动素质及动作技能各自内部之间的转移问题。(3)充分考虑机体和神经系统的疲劳问题,采用积极有效的恢复措施。

4. 课训练计划

制订课训练计划要注意以下几点。

(1)把小周期训练计划的任务贯彻落实到每次训练课中。(2)计划中的训练方法、手段应具针对性和实效性。(3)训练组织和负荷安排应留有一定余地,从而预防恶劣天气和运动员突发意外。

新教练员撰写的训练计划要详细一些,文字简练,图文并茂。随着训练经验的积累,可适当简化训练计划。表8-3至表8-5是田径课余训练的几种计划范例,可供教练员和运动员参考。

表8-3　冬季准备期基础训练阶段周训练计划范例（跳远）

主要任务及方法	训练计划
主要任务： 提高速度力量和全面身体素质主要方法： 1. 负重和各种跳跃练习，每周2次力量训练课； 2. 前2周采用80%强度的跳跃练习；3. 中间2周主要进行负重练习，以发展绝对力量；4. 最后2周主要进行中短程专项跳远练习；5. 速度练习每周2次，方法为60～100米跑（强度80%～90%）。	周一： 速度训练（强度80%） 周二： 专项技术训练（强度80%）：中短程专项跳远练习、立定跳远、立定三级跳远、立定五级跨步跳 周三： 速度训练（强度80%）：60米×2次、100米×3次 周四： 球类活动 周五： 身体素质练习；中短程专项跳远练习、双腿跳栏架、左右腿单脚跳、跨步跳各3组，背肌、腹肌练习各3组 周六： 力量训练：抓举或挺举×2组、卧推×3组、杠铃下蹲×3组 周日： 休息

表8-4　冬季专项训练阶段周训练计划范例（跳远）

主要任务及方法	训练计划
主要任务： 提升运动员的专项能力和跳远技术水平 主要方法： 1. 重点进行中、短程专项跳远训练，每周2次 2. 前2周主要采用90%的力量练习；3. 中间2周主要进行负重练习，以发展绝对力量；4. 最后2周主要进行中短程专项跳远练习；5. 速度训练每周2次（强度80%～90%）。	周一： 速度训练（强度80%）：30米×5次，60米×5次 周二： 专项技术训练（强度80%）、中短程专项跳远练习 周三： 速度训练（强度70%～80%）：100米×6次 周四： 球类活动 周五： 专项身体素质练习；中短程专项跳远练习、左右腿单脚跳、跨步跳各3组；背肌、腹肌练习各4组 周六： 力量训练：抓举或挺举×2组、卧推×3组、杠铃下蹲×3组 周日： 休息

表 8-5　赛前训练周计划范例（跳远）

主要任务及方法	训练计划
主要任务： 使运动员的技术、专项素质、机体机能都达到竞赛要求 主要方法： 1. 专项技术训练以全程助跑跳远技术为主，加强最后 10 米的助跑速度和起跳相结合练习，要求快速、连贯；2. 速度训练：30 米、60 米跑（强度 100%）。3. 力量训练：强度不低于 80%。	周一： 1. 速度训练（强度 100%）：30 米 ×2 次、60 米 ×2 次 2. 其他身体素质一般性训练 周二： 1. 专项技术训练 2. 力量训练（强度 80%）：抓举或挺举 ×2 组、杠铃下蹲 ×2 组 周三： 速度训练（强度 100%）：60 米 ×4 次 周四： 球类活动或准备活动 周五： 1. 专项技术训练（强度 100%） 2. 一般身体素质训练 周六： 力量训练：抓举或挺举 ×2 组、卧推 ×3 组、杠铃下蹲 ×3 组 周日： 休息

（二）培养运动员制订训练计划的能力

对训练计划进行设计与制订的过程也是制订者对于训练的本质问题认真加以思考的过程，让运动员自己对训练计划进行设计，有助于对其独立思考能力、发现及解决问题的能力进行培养，能够使运动员更深刻地认识训练原理、训练规律及训练原则与要求，有助于促进训练效果的提高，使运动员的运动能力与其他素质得到全面发展。在运动员自主设计训练计划的过程中，教练员要做好指导工作，与运动员多沟通和交流，可给运动员提建议。运动员是有智慧的个体，而不是简单的运动机器，让运动员自主设计训练计划，真正发挥了运动员作为训练"小主人"的作用，培养运动员的策划能力，发挥运动员的个性，使其更有主见和远见。

第三节 优化训练环境

一、高校体育训练环境的内容

高校体育训练环境系统丰富而复杂，该环境系统既包括物质方面的构成因素，也包括社会心理方面的构成因素；既有静态的因素，也有动态的因素；而且室内外因素和有形、无形因素都有。下面主要对高校体育训练的物质环境与社会心理环境这两大构成因素进行分析。

（一）物质环境

1. 时空环境

高校内部的时间因素和空间因素所构成的特定环境就是时空环境。高校中的时空因素尽管具有人为性，但也免不了有很多其他因素对其造成影响。时空环境是开展课余体育训练活动的基础条件，如训练时间、训练场地等，如果缺乏良好的时空环境，体育训练活动就无法顺利开展。高校体育训练时间的安排是否合理、高效，直接影响最后的训练效果，同时也影响运动员的身心健康。有研究指出，下午是一天中人体运动能力最好的时间，教练员要根据训练规律、科学原理及大学生身心发展特征而对课余训练时间进行合理安排，充分利用良好的时空环境因素从而提高训练效果。

2. 自然环境

自然环境影响着人类的所有活动。高校体育训练作为高校体育活动之一同样受到自然环境的影响。高校的地理位置、地区气候条件、周围自然景观等都在一定程度上影响大学生身心健康，但这些自然环境因素又是人们很难改变的。如高校所在地区的自然环境存在严重的污染、嘈杂等问题，那么就会制约训练活动的顺利进行；而如果环境清净，气候宜人，干净整洁，就会给高校课余训练带来积极的影响。鉴于自然环境对训练活动的影响具有两面性，所以高校要因地制宜开展训练活动，在训练过程中将有利于自然因素充分利用起来，并且有意识地避免不良因素的干扰，同时也要对潜在的自然环境资源进行开发与利用，为高校体育训练的顺利进行提供优美、和谐的自然环境。

3. 场馆设施环境

高校体育场馆、操场、运动器械设备等都是场馆设施环境的重要构成因素。良好的物质条件能够为高校体育训练活动的开展提供重要的基础保障，因此优化高校的场馆设施环境非常重要而且必要。这就要求加强对于各类体育馆、体育场地等训练场所的建设与完善，并健全各种体育器材设备，使高校体育教学、体育训练和体育比赛的组织与实施因依托良好物质条件而变得更加顺利，促进课余体育训练任务的顺利完成。在高校体育场地设施建设中，必须清楚地认识到场地设施的质量、规格等都会影响运动员的训练活动和心理活动，如场地布置、器材质地、设备质量等，所以要尽可能优化和美化场地设施环境，既要实用，也要美观，从而激发运动员的训练热情，使运动员的训练积极性得到提升。

4. 信息环境

高校体育训练的信息环境既包括学校内部的社会信息，也包括学校外部的社会信息。随着社会的进步和科技的发展，体育活动的信息源越来越丰富，大众传媒在提供和传播信息方面发挥了举足轻重的作用，体育书籍、体育报纸、体育刊物、体育广播、体育电视节目及互联网体育版块等都充斥着大量的体育信息，给高校体育的发展带来了重要的影响。高校大学生通过各种传统和现代的传媒资源而观看精彩的体育比赛或获取最新的体育资讯，大学生在观看新闻或视频的过程中，其体育兴趣、体育情感及体育态度和价值观都会发生相应的变化，体育信息给大学生带来的影响是巨大的，但有些不良信息也会造成不好的影响，如体育暴力事件、兴奋剂、假球等不良新闻就会带来负面影响。因此，高校体育教练员要对各种体育信息进行正确的处理和运用，正确引导大学生获取有价值的信息，创建良好的校园体育信息环境，从而提高高校体育训练质量。

（二）社会心理环境

社会心理环境包括以下几方面的内容。

1. 人际环境

高校体育训练中存在特定的人际关系，基于此而形成的人际环境是一种特殊的学校内部社会环境。具体来说，高校体育训练的人际环境中包括下列人际关系。

（1）教练员与大学生运动员之间的关系。（2）大学生运动员之间的关系，包括一个运动队队友的关系和运动队会上的竞争关系等。（3）教练员与学校体育管理部门的关系。

高校体育训练中的人际互动就是基于上述几种关系而展开的，人际关系是否和谐对训练氛围、运动员的训练态度与积极性及最终的训练效果都有重要的影响。

2. 组织环境

高校是一个特殊的社会组成单位，具有鲜明的组织性，高校内部又有很多次级群体，有正式的群体，也有非正式的群体，它们是高校内部组织的重要构成因素，如院系、年级、班级、运动队等都是高校社会群体的重要组成部分。高校这一特殊社会群体内部的次级群体在各自的活动中将自己的心理倾向、思想道德、精神风貌等展现出来，这些就构成了高校特殊的组织环境。高校内部组织环境具有约束作用，对组织内所有成员的现状与未来具有重要影响，也对组织的整体发展趋向产生影响。高校内部组织环境的这些影响和约束虽然不是强制性的，但影响极其广泛、深远。我们要努力构建阳光积极、奋发向上、拼搏进取的组织环境，为高校体育训练增添活力，提升体育训练水平。

3. 情感环境

高校体育训练的过程中充斥着大量的信息，也有频繁的交流和互动，信息交流也可以看作是一种情感交流，情感交流是发生在特定情感环境下的一种深层交流。情感环境是由教练员、运动员各自及相互的情感状况而构成的，因此需由教练员和运动员共同建立情感环境。这就要求教练员在训练中耐心指导运动员、关心运动员，同时运动员也要尊重和信任教练员。高校体育训练中教练员和运动员之间的交流是面对面的，和谐的情感环境更有助于推动训练的顺利进行,提高训练的效率和最终的效果。

4. 制度环境

高校体育制度、体育管理条例、各种规定及教练员和运动队对这些制度、条例和规定的认知、执行态度等所构成的制度氛围就是所谓的制度环境。制度环境发挥着重要的作用,保障训练活动的规范性、科学性,同时约束主体的行为,直接影响高校体育训练效果。

二、高校体育训练环境创建与优化的原则

高校体育训练环境具有系统性、复杂性,构成因素较多,创建良好的体育训练环境,使环境系统内部各因素保持和谐状态,有助于推进训练进程,提升训练效果。对高校体育训练环境进行创建与优化,将训练环境的积极作用充分发挥出来,从而提升体育训练水平和质量,这需要高校体育工作者、教练员和运动员共同参与和努力。从高校体育训练环境的特殊性及重要作用出发,总结出高校体育训练环境的创建与优化要遵循下列原则。

(一)整体性原则

在高校课余训练环境的创建与优化中,必须从整体上调整和规划环境的各个组成要素,将各要素整合为一个整体,使这个整体的综合功能得到最大程度的发挥。具体来说,要统筹规划与安排训练环境,将各类环境的优化都重视起来,除了要完善体育场馆设施条件,还要营造良好的校园体育氛围,促进教练员工作作风的改进,在运动队内部构建和谐的人际关系,树立全局观念和长远目标,可以有所侧重,但不能过于厚此薄彼。

(二)主体性原则

对高校体育训练环境的创建不仅需要教练员和其他体育工作者的努力,还需要大学生运动员的参与和配合,将其主体作用充分发挥出来,对其环境改造能力、适应能力及控制能力进行培养,使运动员自觉利用良好的训练环境去提高自己的训练水平。教练员要充分认识到大学生在训练环境中的地位,激发大学生的主人翁意识,将其积极主动性充分调动起来,强化其责任感,使其自觉参与和配合训练环境的建设与优化。

(三)针对性原则

对高校体育训练环境进行设计与优化,要从特定训练目标出发,进行针对性设计以满足训练需要,使良好的训练环境促进运动员在训练中的全面发展与提升。教练员作为训练环境设计与优化的主要力量,要注意周密安排各项训练要素,从训练目标出发加强对各要素的优化整合,不能盲目设计。另外,要对具体训练情况进行分析,从实际出发进行优化设计,不能将其他学校的设计方案强行运用到本校,否则可能会制约训练的发展。

(四)校本性原则

校本性原则是指在设计训练环境时,必须从本校自身实际情况出发,充分利用学校已有的有利条件积极开发新的资源,推进训练环境建设。各校都要从实际出发,以校为本,突出优势,扬长避短。

三、高校体育训练环境的优化策略

(一)完善训练目的

体育训练活动是一种特殊的社会实践活动,其对象就是人自身,需要注重训练目的和目标的完善。在具体训练活动中,必须首先省察、明确与完善训练目的、目标,这是优化训练环境的首要前提。

(二)改善学校物质条件

创建良好的物质环境是优化体育训练环境的重要内容。在经济条件有限的情况下,不可能很快改善学校物质条件,但是教练员和运动员可以精心设计学校内部物质环境,合理布置训练场所,美化和优化物质环境,突出训练环境崇高的教育价值和审美价值。

(三)优化训练过程

优化训练过程实质上就是协调好训练环境诸要素之间的关系,可以从两个方面优化训练过程。

第一,就训练活动的构成要素而言,优化这些要素之间的关系,保证了训练结构的合理和正常功能的发挥。

第二,就训练活动过程而言,使各要素衔接紧凑自然,反馈顺畅,而且要有足够的灵活性,以全面实现训练目的。在这一过程中最关键的是教练员要把训练的科学性和艺术性完美结合起来,教练员娴熟的训练艺术是优化训练过程的前提。

(四)优化社会环境

高校课余体育训练活动往往受社会大环境的影响,因此,社会各界应共同努力为高校体育训练营造良好的社会氛围。但高校不可能等到社会环境完全变好的时候再进行课余体育训练,所以高校内部应该发挥自身改造社会环境的作用,为净化训练环境做出努力。这就要求高校内部工作人员与学生共同抵制社会不良风气,减少不良社会环境带来的消极影响。

参考文献

[1] 李景丽．创新教育背景下的体育教学发展探索 [M]．南京：南京出版社，2022，04.

[2] 张亮亮．教海探航体育教学模式的创新性构建研究 [M]．北京：中国商业出版社，2022，08.

[3] 唐定．体育人才创业教育与创新思维 [M]．武汉：华中科技大学出版社，2022，04.

[4] 谭军，郑澜．体育学创新理论研究与实践 [M]．长春：吉林出版集团股份有限公司，2022，02.

[5] 张春超，徐鸿鹏，李磊．新时期体育教学管理与课程建设 [M]．北京：中国农业出版社，2022，07.

[6] 林晓滔．体教融合背景下学校体育的发展与创新思考 [M]．北京：人民日报出版社，2022，11.

[7] 王彦飞．当代学校体育与教学 [M]．赤峰：内蒙古科学技术出版社，2021，09.

[8] 杨艳生．体育教学改革与创新实践研究 [M]．长春：吉林人民出版社，2021，09.

[9] 王海燕．现代体育教学功能实现与创新应用 [M]．北京：中国书籍出版社，2021，04.

[10] 李婷婷，刘琦，原宗鑫．现代学校体育教学理论与方法 [M]．长春：吉林人民出版社，2021，05.

[11] 刘鸥，宋晓玲，汪广林．体育教学设计与创新研究 [M]．长春：吉林出版集团股份有限公司，2021.

[12] 徐兰君．体育教学理论研究与设计指导 [M]．北京：人民体育出版社，2021.

[13] 李王杰，段宗宾，张春超．体育教学及其多元模式构建 [M]．北京：中国农业出版社，2021，01.

[14] 田托．体育教学理论与实践 [M]．哈尔滨：哈尔滨出版社，2021.

[15] 王玥，吕梦，王清．体育教学与实践训练 [M]．长春：吉林摄影出版社，2021.

[16] 邓茗丹，田杨，周涛．体育教学论 [M]．北京：电子工业出版社，2021.

[17] 徐飞．传统体育教学与健身理论 [M]．北京：九州出版社，2021.

[18] 徐勇，李岩，刘天行．体育教学创新与实践研究 [M]．长春：吉林大学出版社，2021.

[19] 黄起东，张鸿飞，唐敏．体育教学技能实训教程 [M]．哈尔滨：黑龙江大学出版社，2021，08.

[20] 高慧林，耿洁，张丽．现代体育教学创新与运动训练发展研究 [M]．北京：中国华侨出版社，2021，11.

[21] 段宗宾，李磊，李王杰．现代体育教学理论研究与实践创新 [M]．北京：中国农业出版社，2021，08.

[22] 文淑斌，周逢秋，韩维．体育教学与学生综合素质提升研究 [M]．长春：吉林出版集团股份有限公司，2021.

[23] 朱晓菱，倪伟．体育健康与实践 [M]．上海：上海大学出版社，2021，07.

[24] 邱丹．体育锻炼与慢性病防控 [M]．长春：吉林大学出版社，2020，01.

[25] 陈善金．体育与健康 [M]．成都：电子科技大学出版社，2020，06.

[26] 魏华，任政．体育与健康（含微课）[M]．北京：航空工业出版社，2020，01.

[27] 杨帆，许耀锋．体育与健康 [M]．西安：西北大学出版社，2020，06.

[28] 杨文．体育与健康 [M]．成都：电子科技大学出版社，2020，08.

[29] 王国平．体育健身理论与实践研究 [M]．长春：吉林科学技术出版社，2020，09.

[30] 赵禹，王红杰，陈志华．体育运动学 [M]．北京：航空工业出版社，2020，03.

[31] 陈博．理论与实践体育场馆的运营管理 [M]．北京：中国经济出版社，2020，03.

[32] 宿继光．传统体育健身 [M]．天津：天津科学技术出版社，2020，07.

[33] 陈维新，周书静，楼迤迪．体育运动中的化学 [M]．上海：上海教育出版社，2020，08.

[34] 孙英俊．课外体育锻炼面面观 [M]．芜湖：安徽师范大学出版社，2019，10.

[35] 许宁．体育锻炼的大学生心理健康效应研究 [M]．北京：人民体育出版社，2019.